金融学

图说
金融学

张卉妍 / 编著

中国华侨出版社
北京

图书在版编目 (CIP) 数据

图说金融学 / 张卉妍编著. -- 北京：中国华侨出版社, 2022.7
ISBN 978-7-5113-8665-6

Ⅰ.①图… Ⅱ.①张… Ⅲ.①金融学–通俗读物 Ⅳ.① F830-49

中国版本图书馆 CIP 数据核字（2021）第 231906 号

图说金融学

编　　著：张卉妍
责任编辑：李胜佳
封面设计：韩　立
文字编辑：胡宝林
美术编辑：潘　松　吴秀侠
经　　销：新华书店
开　　本：880mm×1230mm　1/32　印张：7.5　字数：160 千字
印　　刷：河北松源印刷有限公司
版　　次：2022 年 7 月第 1 版　2022 年 7 月第 1 次印刷
书　　号：ISBN 978-7-5113-8665-6
定　　价：46.00 元

中国华侨出版社　北京市朝阳区西坝河东里 77 号楼底商 5 号　邮编：100028
发行部：（010）58815874　　传　真：（010）58815857
网　址：www.oveaschin.com　　E-mail：oveaschin@sina.com

如果发现印装质量问题，影响阅读，请与印刷厂联系调换。

前言
PREFACE

法国哲学家狄德罗说，人们谈论最多的事情，往往是最不熟悉的事情。金融也许就是这样。它不仅在历史的长河中主宰着各国的兴衰变迁，同时也在现实生活中与我们如影随形。可以说，我们的生活时刻被金融学的影子所萦绕，日常生活的点点滴滴都与金融学有着或远或近的关系，每一件小事背后其实都有一定的金融学规律和法则可循，我们的生活离不开金融学。这是一个金融的世界，人人难以置身其外。金融与我们每个人的一生都息息相关，与一个国家强弱盛衰的运势息息相关。经济全球化是历史发展的必然趋势，中国无法置身于外。我们既要参与国际游戏，享受全球化带来的好处，又要注意防范国际游戏的风险和陷阱。这就要求我们必须熟悉和掌握国际游戏的规则。毋庸置疑，历史上任何一个国家的兴衰变迁，都离不开金融的力量，一切国际大事件的背后都有金融的影子。

金融学兼具专业性和学术性，需要精深的数学工具才能深悟其运行机理，因此，一般读者很难剥去金融学复杂的表象。当面对众多复杂的金融变量和令人眩晕的金融数据时，很多人只好选择逃避。

于是十分实用的金融学往往被束之高阁。知识只有普及到大众，才能显示出其持久的生命力。如何把博大精深、抽象难懂的金融学知识转化为通俗易懂的语言，如何让它从高深的学术殿堂上走下来，步入寻常百姓家，已成为人们期待解决的问题。

为了帮助广大普通读者轻松、愉快、高效地了解金融学知识，笔者特精心编写了这本金融学通俗读物——《图说金融学》，本书系统讲述了金融学的基本理论知识及其在现实社会生活中的应用，以浅显的语言普及经济学常识，以轻松的笔墨回答金融学问题。书中没有艰深晦涩的专业术语，而是以金融学的基本结构作为骨架，以生活中的鲜活事例作为血肉，将金融学内在的深刻原理与奥妙之处娓娓道来，让读者在快乐和享受中，迅速了解金融学的全貌，并学会用金融学的视角和思维观察、剖析种种金融现象，读懂国际热点事件背后蕴藏的金融原理。书中将金融学中最生动的一面呈现在读者面前。通过回顾金融的演化历史，以通俗易懂的语言为读者解释金融专业术语和金融原理在现实生活中的应用，并通过历史上金融家的故事，让读者身临其境地去感受金融学的魅力，这是笔者的编写宗旨。希望读者在阅读之后可以有所启发，在大的金融背景下，运用所学指导自己的行为，解决生活中遇见的各种难题，从而更快地走向成功。读过本书，你就会发现，金融学一点儿也不枯燥难懂，而是如此地贴近生活，如此有趣，同时又是如此实用。

目录 Contents

第一章 我们生活在富饶的"金融时代"
——什么是金融学

推开金碧辉煌的金融学殿堂的大门 002

越来越多的财富是金融活动创造的 004

金融治国,政府有钱不如民间富有 007

金融出问题了,对我们有什么影响 010

我们的财富去哪里了——个人的"资产流失" 013

农副产品"疯涨"背后的"甲流"金融学 016

为什么次贷危机的根源不是中国而是美国 021

第二章 为什么贫者越贫,富者越富
——每天懂点金融学原理

什么让你一夜暴富,或一夜破产——财务杠杆率 026

不可违背的"太太定律"——市场意志原理 030

随大流是明智还是愚蠢——博傻理论 033

贫者越贫，富者越富——马太效应 037

第三章　看透钱的本质
——每天懂点货币知识

货币的起源：谁人不识孔方兄 042

货币演进："以物易物"到纸币做"媒" 047

货币本质：从贝壳到信用卡，什么才是货币 050

货币功能：货币为什么能买到世界上所有的商品 052

货币制度：没有"规矩"难成方圆 056

货币的时间价值：今日的 1 元未来价值多少 061

第四章　格林斯潘调节金融的"利器"
——每天懂点利率知识

利息：利息是怎样产生的 066

利率：使用资本的应付代价 070

复利：银行存款如何跑过 CPI 074

负利率：利息收入赶不上物价上涨 078

利息税：储蓄也要收税 083

利率调整：四两拨千斤的格林斯潘"魔棒" 086

第五章　世界金融的构成与发展
——每天懂点金融体系知识

国际金融体系：构成国际金融活动的总框架 …………… 092

国际金融机构：为国际金融提供便利 …………………… 095

国际金融中心：冒险者的天堂 …………………………… 099

世界金融组织：谁在负责处理我们的钱 ………………… 102

世界银行：条件苛刻的世界贷款银行 …………………… 106

世界贸易的协调者：WTO ………………………………… 109

第六章　雾里看花的金融市场
——每天懂点金融市场知识

金融市场：走进财富的游乐场 …………………………… 114

货币市场：一手交钱，另外一只手也交钱 ……………… 117

资本市场：货币市场的金融工具 ………………………… 121

股票市场：狼和羊组成的金融生态 ……………………… 126

基金市场：让投资专家打理你的财富 …………………… 129

第七章　谁在负责处理我们的钱
——每天懂点金融机构知识

银行：金融界当之无愧的"大哥" ……………………… 134

政策性银行：肩负特殊的使命 …………………………… 138

保险公司：无形保险有形保障 142

金融中介：供求之间的桥梁 146

投资银行："为他人作嫁衣裳" 150

信托投资公司：受人之托代人理财的机构 154

第八章　怎样让钱生钱
——每天懂点个人理财知识

存款储蓄：最传统的理财方式 158

债券投资：储蓄的近亲 163

黄金投资：用黄金挽救缩水的钱包 166

收藏品投资：艺术与理财的完美结合 170

第九章　"看不见的手"
——每天懂点金融调控与政策知识

金融调控：当亚当·斯密遇见凯恩斯 176

宏观调控：看得见的物价，看不见的手 179

财政调控：国家履行经济职能的基础 183

个人所得税：收入分配的调节器 188

利率政策："四两拨千斤"的政策 191

货币政策：扩张好还是紧缩好 195

财政赤字：影响国家经济的债务 199

第十章 谁也逃不掉的金融危机
——每天懂点金融危机知识

金融危机是如何爆发的 204

狂热的投机：金融危机顽疾难医 209

泡沫经济：最绚丽的泡沫也还是泡沫 212

经济大萧条再次降临 215

危机造成的经济收缩 218

危机爆发的三大预言成真 223

第一章
我们生活在富饶的『金融时代』
——什么是金融学

推开金碧辉煌的金融学殿堂的大门

人人都喜欢的东西是什么？人民币？对，但狭隘了。钱？对，虽然感觉有点俗，但至少没有人是排斥钱的吧？既然大家都喜欢钱，那务必要了解一下金融学。因为，金融学研究的就是关于金钱的问题，货币就是它的研究对象。更重要的是，当你推开金融学的大门，你会发现，金融无处不在。在这里，你不仅能接触到银行存款和银行贷款，还能知道物价上涨会对利率什么产生影

响；不仅能懂得利用基金股票来理财投资，还会知道外汇期货也是好的金融工具。在这里，你不仅能从美国金融中心华尔街漫步到香港，还能从北京金融大街畅游到上海陆家嘴金融中心。在这里，你不仅能欣赏到神奇的以钱生钱术，甚至还有金融操纵、控制政治的强大力量。

随着社会经济的不断进步与发展，金融投资活动越来越多地被人们所认识并接受，成为平常百姓家的一个常见话题，金融学早已走下学术的"神坛"，飞入了寻常百姓家。

改革开放以前，由于人们日常生活中很难接触或利用到金融投资方面的知识，并且与西方发达国家的交流很少，所以，在绝大部分人的观念中，金融学与金融投资是一项必须通过专业的学习与训练才能掌握的高深学问或技巧，而一般人也很难有专业的学习与训练机会。但是，改革开放以来，随着社会经济的发展，西方发达国家的金融知识或金融产品被引入，同时普通民众接触到越来越多的关于金融的实际问题。伴随着金融业的发展，老百姓日常理财和投资需要的增加，特别是网络这一全方位学习媒介的普及，越来越多的人通过学习理论知识，亲身参与金融理财实践，加深了对金融学认识的广度和深度，而这些金融学知识也往往成为他们获取更多财富的重要路径。

以前，企业经济和金融行业联系还不是那么紧密；而现在，全球经济紧紧地绑在一起，企业经济和金融也无法分开，更重要的是，金融已经和每个人绑在一起了，金融和实体经济相互影响和渗透，跟人们的生活密切相关。

所以无论是生活还是经营，在现在这个社会里，都已经离不开金融了。金融学并不是庄严神圣的人民大会堂，普通人不可以随便进出，它就像一个项目丰富而又幽深的公园，谁都可以进，但是对于你怎么利用它，还得看个人的知识和功力。有些人走错道，可能走进了可怕的"鬼屋"，好端端地吓病一场；有些人好好研究了，可能就走上了正确道路，不仅有美丽的风景，也许还有很多美味诱人的果实。

越来越多的财富是金融活动创造的

财富是怎么创造出来的？我们说，有投入才有产出，产出就是财富。所有的产业都一样，包括农业、工业和服务业，都是以创造财富为目的的。在早期的农业社会，财富是粮食，是农作物；在工业社会，财富就是产品，生产出多少产品就是创造了多少财富；在现在服务业发达的今天，财富的创造逐渐从农业和制造业转移到服务业上，而服务业里面，创造财富最多的，莫过于金融业了。

财富被产生出来的标志就是用少量成本创造出更多价值来。这些成本，我们称之为生产要素，主要包括自然资源、劳动力及资本。资本呢，有些场合可以俗称为钱。那么很显然，用钱生钱似乎比用其他两种要素生钱效率更高，这就是金融业的作用。

那么，金融是怎么创造财富的呢？我们都知道，同样是钱，同样是财富，在不同的时间和不同的地点，它们带来的效益是不一样的。举个例子来说，同样100块钱，对于一个富人来说可能毫不在意，随手花掉而不放在心上；但是对一个穷人来说，100块钱很有用，也许可以为孩子买一罐奶粉，也许正好给年迈的父母买上一盒急用药，也许是家里好几天的菜钱。这就是资金的效用不同。另外，相同的钱用在不同的地方带来的收益也完全不同。比如还是那100块钱，有些人可能拿来买吃的；而有些人则有可能拿来投资，放到股市里从而赚来更多的钱。那么金融就有这么一个作用，在没有金融的时候，人们钱多了只能储藏起来，而有金融系统以后，人们则有了更多的多选择，可以放在银行里拿利息；可以放到证券市场上去投资，等待股息分红；可以购买保险、国债等。这些活动有一个共同的地方，就是有闲钱的人把暂时闲置的资金拿出来，同时还有一定的收益可能；而另外一些资金可能不足但是有大好商机的人就可以先利用这笔钱去赚钱，给提供资金的人一些回报就行。当然，金融是有风险的，但是与风险相对应的就是收益，金融创造出的巨大财富吸引广大资金闲置者将剩余资金放到金融市场里，以便为自己创造更多的财富。

作为老牌强国的英国，资产阶级革命以后，随着资本市场的逐渐发展，股票和债券市场也随之建立起来。英国政府借助债券市场的力量，以较低的利率筹集到大量资金，不仅满足了各项经费开支，还利用这些资金建立起了一支强大的军队。英国在股票市场上也很有作为，英国的企业在股票市场上筹集到企业运营所必需的资金，同时，所有的股东都根据投资额度而享有相应的有限责任。因此，许多投资者都能够积极参与到企业的发展中去，全心全意为企业的发展着想。

美国的金融市场更不必说，美国的崛起很大程度上依靠了金融的力量。美国的独立战争及南北战争，都曾欠下很多的战争债务。在独立战争之后，面对各种债务，财长汉密尔顿很轻松地化解了这些难题，其途径其实特别简单，就是发行了三只新债，并且进行债务重组。除了化解债务危机之外，还为华尔街的兴起奠定了坚实基础。

华尔街所创造的财富自然不必在这里强调，几乎大部分资本都会跑到华尔街。这充分证实金融对财富创造的一个巨大贡献。另外，几乎人尽皆知的一个人物——股神巴菲特，他近六百亿美元的资产几乎都是通过炒股这一金融活动所赚来的。再近一点，说我们的上海陆家嘴金融中心，那里林立的高楼中没有工厂，也不生产任何我们能看一看摸一摸的产品，但那些写字楼里坐着的，都是收入远远高于富士康那些工厂里日夜不停劳作的工人的有钱人。这些有钱人都是金融创造出来的，金融不只创造了一个巴菲特，而是创造了千千万万拥有很多资产的人。

从个人来说，重要的就是个人理财。时间往前倒退个二三十年，大部分人说起理财恐怕只有一个途径：存钱。而现在，很多人都知道投资理财有多种途径，鸡蛋不能放在一个篮子里。我们除了要规避投资风险，同样要注意储蓄的收益可能被通胀抵消，所以很多人会通过购买股票、债券、保险、国债、基金，或者用不同期存款搭配选择来进行资产的保值增值。这些选择都是在金融系统里运作。

所以说，如今的生活中，越来越多的财富是被金融创造出来的，金融在经济生活中的作用也将越来越重要，我们每个人都应当越来越重视金融的作用，要更加深入地去了解和学习金融知识。当然，国家也必须加快金融制度建设，加快法制建设以促进金融的发展。

金融治国，政府有钱不如民间富有

回想历史，国富民安的朝代多采取休养生息、轻徭薄赋的政策，这也是儒家治国思想的核心之一。"国富"和"民富"不是一回事吗？国家富起来难道不等于国民富起来？人民富裕了对国家影响到底如何？

国富，就是财富都集中于国家。比如商鞅时期，鼓励农业生产，但是必须"家不积粟"，农民需要努力耕地种粮食，但是收成必须上交国家，不许自己私藏。出于商鞅的考虑，也许富有的人民不好管理，他们有自己的实力可以和政府对抗，而贫穷的百姓则好管理得多，他们能解决温饱即可。可是再想一想，多少农民起义不是因为赋税严重，苛捐严税，硕鼠害民？

民富，则是指财富归百姓所有，藏富于民。这种结果多因为国家轻赋税、重发展而致。试想，国家如果不大力发展生产，财富无法生成；而百姓即使有大量财富，如果都被征收税赋，则依然没有财富可言。

到底藏富于国有利于发展，还是藏富于民有利于发展呢？

北大教授陈志武曾举过这么一个事例：有两组国家，分别是1600年时国库丰盛的国家，如印度、土耳其及日本；另一组负债累累，比如像英国、意大利城邦、荷兰、西班牙、法国等。但是，从400年前直到19世纪、20世纪，当时负债累累的那组国家如今都是经济发达国家，且民主法制建设都很好；而除日本明治维新之后改变命运逐步发展并进入发达国家之外，那些"腰缠万贯"的国家反而都是发展中国家。

财富在民间和国家之间的分配与自由、民主、法制的发展有着相当微妙的关系。看似八竿子打不着的民主、自由、法制的建设与金融市场之间，其实有着依赖的关系。

拿美国来说，通过国债价格的涨跌变化能够对具体政策与制度作出相应评价，可以反映出市场对国家的未来定价。国家需要通过国债来收集资金，则当国债价格下跌时政府就必须对法律或者政策作出调整以让公众满意。也就是说，负债累累的政府对百姓的税收很依赖，只有促进民主制约专制让百姓满意，百姓才愿意缴税。当政府有求于百姓时，他就不得不为百姓做事。政府钱不够用时自然需要金融市场的运作，到市场上去融资，为了能更好地融资，势必就要建设好民主和法治。

这里一个很关键的词语：税收。国家依赖税收这个杠杆则依赖于民众。那么税收应该在一个什么样的水平呢？是不是越多越好？显然不是。不收税是不行的，国家缺钱也无法发展建设，民主、自由、法治皆为空谈；但是税收超过民众的负担，劳动之后的成功全部被政府掠夺，则再也不会有人愿意劳动了，谁愿意辛辛苦苦却白白干活？所以关于税收，正如拉弗曲线所说，控制在一定的程度才能达到效益最大化，既不能不收，又不可多收。

国乃家之根本，是家和个人的强大后盾。但是，对于每一个普通百姓来说，生活是具体的，要的是公众温和友爱，善待他人，告别冷漠，看到别人需要帮助时不会不敢站出来帮一把，自己需要帮助时有人愿意搭把手，这些都需要政府的帮助。国家富有之外，百姓也需要富有，这样才能够相互支撑，也才有能力负担税赋，以让国家充实国库，更好发展。

从根本上说，国家的财富也是源于民众的创造，是无数百姓将自己小份额的财产让渡给国家，才汇聚成国家的巨大财富。就好像一条大河，主干道充足的河水必定是由众多支流汇聚一起才得以形成强大水流的。小河里有水才能保证大河不干涸，而若大河抽干了所有小河里的水，大河离干涸的日子也不远了。

因此，可以说，民富是民主法治及自由的基本条件。藏富于民则政府有求于民，有求于完善的金融市场，政府必定要全力建设好才能够让民众心甘情愿让渡出财富，致力于发展的政府才无余力扩张政府权力专制。

金融出问题了，对我们有什么影响

辛格夫妇都是工厂工人，如今退休在家，拿着养老金，日子闲适。一天在街上散步，听到很多人议论纷纷，说是金融危机来了，金融业许多公司倒闭，很多老板跳楼。二老一边唏嘘，一边高兴地说，我们虽然没什么钱，但这个时候我们比那些有钱人幸福。我们不投资，不买股票，没有债券，有点积蓄存银行里，多安全啊！当初不买基金，那个卖基金的小伙子还说咱们老顽固呢！这下是我们对了吧！

辛格夫妇说得到底对不对呢？是不是金融只对从事金融活动的人有影响，对普通老百姓没影响呢？金融出问题了，到底会带来哪些后果？

我们先回顾一下历史上人尽皆知的几次金融危机。1929年经济大崩溃，大批银行倒闭，产品大量剩余积压，资本家们把成桶的牛奶倒入河里，企业纷纷破产，工人失业是普遍的现象，每天排队等候救济粮的失业工人不计其数。1997年东南亚金融危机，自泰国货币危机始，短短几个月内金融危机很快席卷整个东南亚，甚至波及日本、韩国等地，并且不断在向全球扩散。更近一点，2008年美国金融危机，因次贷缘起，波及整个金融领域以致几乎引起全面的经济危机。受此影响，国内股市大跌，股民损失惨重，散户从2007年短暂的股市春天里获利的日子就此成为历史上的记忆。危机爆发的头几个月里广东沿海许多出口加工型的企业就已经纷纷倒闭。这是国际性金融危机，但是也能波及国民个人，比如造成失业，股市暴跌，金融市场不稳定等。如果是国内金融出现问题，像解放战争时期国统区的通货膨胀，那种民不聊生的情况相信经历过的人都会永难忘记。

金融危机对我们生活的具体影响主要有以下几个层面：

第一个层面，首先是金融系统层面。既然金融出现问题，那么首先受影响的就是金融系统。基金债券公司倒闭，投行关门，金融从业者失业。比如 2008 年金融危机，让全球开始瞩目和震惊的就是因为雷曼兄弟破产，随后在同一天美林证券被美国银行收购，接着美国保险集团 AIG 也陷入危机，更有"两房"（房利美和房地美），让许多人艳羡的华尔街金融从业人员顷刻间纷纷失业，并且相当一段时间内还很难找到工作。除投行外，与民众联系更密切的银行也一样。如果银行倒闭，除银行工作人员失业外，市民的存款皆付之东流，如果把全部存款都放在银行，且是同一个银行，则风险更大。现在国际金融系统联系越来越大，在开放系统下，任何一个国家出现问题都有可能影响到全球金融，就好像"美国打个喷嚏，全球可能就要感冒"的说法一样。

第二个层面，对实体经济的影响。金融危机的爆发会使实体经济进入低迷状态。金融为什么会影响实体呢？工人在工厂加工制造衣服、鞋子和帽子，和金融有什么关系？是的，看上去似乎有点不可思议，一个西方国家的人贷款买房的问题居然让一个在东方国家工厂里工作的工人失业了，似乎是不可能关联上的两件事，但它们就是切实联系在一起的。这个联系其实不复杂。制造的衣服鞋帽需要卖给西方人，当西方发生经济危机时，那边的工人失业，购买力低，银行倒闭或者资金紧缩，那边的企业也无法有贷款，企业也没能力继续购买我们的衣服鞋帽子。工厂里成品卖不出去，无法接到订单，企业无法回收成本，工人工资难以为继，并且也不再需要工人干活，于是东方的工厂里工人也失业了。从经济体内部讲，金融发生问题，企业融资势必就困难，并且有相当一部分企业本身会因在金融市场投资而失利，于是企业的生产就将萎缩，社会产出减少；大量工人失业，收入减少，购买力进一步下降，有效需求减弱，经济进一步萎靡；如果是全球性的问题，不仅国内需求减少，国际需求也逐渐减少，有效需求进一步降低，经济增长势必放缓，出现负增长也不是不可能。

第三个层面，就是金融危机对金融，以及实体经济的影响会逐渐渗透到对人身心的影响，也就是市场信心的问题。当金融低迷时，投资者对市场信心就小，如果持续低迷，则信心越来越弱。如果金融问题影响到投资者的信心，则预期收益会减少，投资者宁愿观望也不愿投资，投资需求则减少，投资需求是有效需求的一部分，有效需求不足会造成经济发展失衡，影响产出增长。

任何一次金融危机，都对经济带来了不同程度的影响，并且都会造成经济增长停滞或者放缓。严重的金融危机还会引起金融秩序的变化，很可能需要重新建立金融秩序。

所以，金融出现问题了，不仅仅会是国家经济增长和产出变化的问题，和我们每个人也都息息相关。金融危机一旦发生，每个人的日子都将变得艰难。所以，国家需要建立起完善的金融系统。对个人而言，虽无法控制大环境，但是在理财和投资方面也要注意避免将所有资产投资在一个方面,避免把鸡蛋放在同一个篮子里,否则,当发生危机时所有财产都会如水东流。

我们的财富去哪里了——个人的"资产流失"

有些人能够守得住自己的财富,有些人却失败了。《福布斯》杂志从1982年公布"福布斯400"富豪排行榜以来,到今天,只有50位富豪依然榜上有名,也就是说,高达87%的富豪富不过一代,像流星一样一闪而过。

就像网络泡沫的蒸发,他们的钱也是在不知不觉中被挥霍掉了。想当初,他们的财产也是经过千辛万苦一点一点积累起来的,应该说他们很善于投资理财,但是为什么后来失去了财富?《福布斯》杂志的调查显示,除因为投资失败带来的财产蒸发,多数失败者并没有在生活上时刻注意,他们的钱时刻被一些昂贵的奢侈品花去,交付巨额物业管理费用,或被爱人或情人转移财产了。

当大家在拼命攒钱的时候,你是否曾想过,自己辛辛苦苦积累下来的资产,正在被其他东西无声无息地侵蚀掉?这种你在拼命赚钱,但不断被扯后腿亏钱的感觉实在很不爽。一提到"资产流失"这几个字眼,人们首先想到的是国有资产的流失。其实,在生活中,一不小心,你的资产便会不知不觉地流失。想让个人财务正常运转,就从找出财务漏洞开始吧!个人因为财务漏洞导致资产流失主要集中在下面几个领域：

1. 储蓄流失增值机会

如果你每年的花销超过了资产的7%，那么20年后，你花光所有钱的可能性高达80%，原因很简单，就是"通货膨胀"。很多人经常有意无意地忽略"通货膨胀"的因素，其实"通货膨胀"是财产的强"腐蚀剂"。20年后，由于"通货膨胀"的因素，人们手中的钱将贬值20%，这还算是乐观的估计。

因此，我们提倡"适度"储蓄，过度储蓄将可能使财产增值机遇流失。经济专家有观点认为，中国人的9万亿储蓄存款，假如相对于同期的国债之间1%左右的利息差（斟酌到存款的本钱税和国债的免税因素），那么中国人将会在每年流失掉900亿左右的资本增值的潜在获利机会。

对大多数居民来说，避免这类散失，最好的办法是将银行储蓄转为同期的各类债券。从目前来看，不仅有交易所市场还有银行柜台市场都能够很便利地实现这类交易，而且流动性也很强。在国人的传统观念中认为应该尽力地辛劳工作，也理解节约节俭、储蓄和爱护财富，但咱们不应该只是"擅长"储蓄，还应当"善待"储蓄，合理的储蓄才能将财富发挥到增长的最大价值。

2. 股市缩水几千亿

中国股市十几年的发展成绩斐然，按较保守估计，中国股市的实际参与者至少应在2500万户左右，这其中不乏数量庞大的新兴中产阶级。但是从2001年下半年以来中国股市陷入了长达一年半的下跌和疲软状态，到目前为止，根据这十几年来的相关统计，股市中投入资金约为 23000 亿元，这些资金换成了股票的资金，因为股价下跌、缴纳各种税费等，如今证券市场的流通市值只剩下了 13000 亿—14000 亿元。也就是说，十几年来股市黑洞共吞噬了近万亿的资金，如果排除其他背景的资金损失，那么中国普通老百姓家庭的资产在股市上至少流失了数千亿元。

3. 过度和不当消费

消费的原因多种多样，很多时候你逛完商场时看到手里拎着的大包小包，回家一看却发现，有些东西其实不买也可以。这就是所谓的"过度"与"不当"的消费，它们也会让资产无形流失。所以，花钱买什么，一定要想清楚。

过度消费可以分解为"情绪化"消费或"冲动性"消费。例如，看到打折商品就兴奋不已，在商场里泡上半天，拎出一大包便宜的商品，看似得了便宜，实际上买了很多并不需要或者暂时不需要的东西，纯属额外开支。特别是在对大件消费品上，比如楼盘、汽车、高档家电的一时冲动，往往会造成"过度"消费。这样，不仅造成家庭财政的沉重负担，而且会导致家庭资产隐性流失。

不当消费是指为了"面子"而不是因为需求的消费。在消费上总喜欢跟别人较劲，人家能花的我也要花，不论有没有必要。

4. 理财观念薄弱

中国家庭的活期储蓄总是太多，这让银行或其他金融机构白吃了大把大把的利息差，其实只要稍加运作就能有效地减少利息损失。对单个家庭来说，"不当"储蓄的损失可能十分细微，但由于基数的宏大，中国家庭因此而流失的资产就是个天文数字，且仅对单个家庭来说随着时间的流逝，其累计损失也是无比大的。资产流失很多时候都不显山露水，但只要稍一放松就可能造成大量资产的流失。所以，只有不断地强化理财意识才能成功积累财富。

不注意平日里的财富漏洞，即使你是富翁也不免要沦落到穷人的下场，何况作为平凡人的我们本来就没有多少财产，就更应该提防财富漏洞，防患于未然。

农副产品"疯涨"背后的"甲流"金融学

继"蒜你狠""豆你玩""姜一军""苹什么""糖高宗"之后，"盐王爷"终于来了。2011年3月11日，日本本州岛海域地震，受所谓的碘盐抢购的影响，盐价开始飙升，流行语"盐王爷"出炉。

"今天你买盐了吗？""涨到5元一包了？！""货架空了？！"……在路上、在超市里时不时能听到关于诸如此类的买盐对话；而在网络上也诞生了诸如"盐如玉""盐王爷"的热词。2011年3月15日，因为日本核电站泄漏事故，有谣言称日本核辐射会污染海水导致以后生产的盐都无法食用，而且吃含碘的盐可防核辐射，因此引起一些市民疯狂抢购食盐。

无独有偶，从2009年起，大蒜批发价格从4月的每公斤0.2元，到5月的每公斤0.3元，到6月的每公斤1元，到8月的每公斤

2.5元，再到12月的每公斤4元，直至2010年初的每公斤19元，一路猛涨。

以前去小饭馆吃顿饭，大蒜可以免费吃，可现在最起码得要一块钱一头了，最贵时已经飙升到每公斤19元，于是有网友就送给了大蒜一个外号叫"蒜你狠"。同样表现不俗的还有"豆你玩"的绿豆等，它们带来的是新一轮的农产品涨价。平时"老实巴交"的农产品领域，为何一改往日的淳朴形象，同时走上了"疯涨"的路子？

这还得从2009年3月出现的"甲流"（甲型H1N1流感）疫情说起。那时，国内就盛传大蒜具有预防甲型流感的功效，甚至有媒体称美国专家也把大蒜列为九大消毒蔬菜之首。虽然其间有政府和专家出面解释：大蒜的抗甲流作用并未有临床证明，也没有科学依据。但是这期间，不单是中国，国际上也出现了"一蒜难求"的局面，从2009年多个国家开始加大大蒜进口力度，其中日本、韩国及东南亚等国家，大量向中国采购大蒜，使得中国的大蒜出口量大幅增加。

究竟是什么原因造成了我们日常生活的必需品出现如此疯狂涨价的局面？

物价变动是指商品或劳务的价格不同于它们以前在同一市场上的价格。物价是商品或劳务在市场上的交换价格，有输入价格和输出价格两种。输入价格是为生产或销售目的而取得商品或劳务的价格。输出价格是作为产品销售的商品或劳务的价格。企业按某一输入价格购买一项商品，再按较高的输出价格售给客户，这种情况不能视为该项商品的价格发生了变动，只有同是输入价格或输出价格增高或降低，才算物价发生了变动。

从2007年以来，中国的物价就一直走高。国家统计局发布的2011年2月居民消费价格指数（CPI）同比上涨4.9%，大大超过3%的警戒线。粮、肉、蛋、菜等产品上涨幅度较大，商品房价格居高不下，这些问题都直接与民生相关。通胀压力加大，物价普涨，不涨价的商品越来越少。消费者会紧盯这些价格低廉和平稳的生活必需品的价格波动，并随时采取抢购和囤积行动，这其中就包括食盐。这些客观原因的存在，使得本来并不昂贵的农副产品，一夜之间，身价百倍，被百姓一路追捧。

物价变动的原因，一般说来有以下几个主要方面：一是劳动生产率的变化。某种商品生产率普遍提高，该种商品的价格就会下跌；反之，如果劳动生产率普遍降低，则价格就会相应上涨。二是技术革命。技术进步，一方面使有关产品中凝结的人类复杂劳动增多，从而导致其价值增加，价格上涨；另一方面，使原有产品的经济效能相对降低，价值受贬，价格下跌。三是货币价值的变动。货币所表现的价值是商品的相对价值，即商品价值量同时发生等方面等比例的变动，商品的价格不变。但如果二者任何一方的价值单独发生变动，都会引起价格的涨跌。如果货币价值不变而商品价值提高，或者商品价值不变而货币价值降低，商品价格就会上涨；反之，如果货币价值不变而商品价值降低，或者商品价值不变而货币价值提高，商品价格就会下跌。四是供求关系。在市场经济条件下，商品价格在很大程度上受供求情况的影响。当商品供不应求时，价格就会上涨；反之，当商品供过于求时，供给就会下跌。五是竞争和垄断。竞争引起资本在各生产部门之间的转移，促使商品的价格发生变动，通常为价格下跌。垄断引起商品价格的操纵，使物价发生变动，通常为价格上涨。

防止物价过度变动，保持物价平稳，已经成为稳定人心、稳定社会的第一要素。确保物价平稳，尤其避免物价暴涨，不仅是重大民生，而且是当今最大的政治。

中国古话说："他山之石，可以攻玉。"当前物价上涨是全球性现象，原因错综复杂。各国为稳定物价，都采取了一些积极有效的措施。日本一直是世界上零售物价最稳定的国家之一，其

稳定物价的成功做法主要有以下几个方面：

1. 高度重视生活必需品供给的稳定

日本提出，确保市场上生活必需品的供给，对于物价总水平的稳定具有决定性的意义。以蔬菜为例，蔬菜等鲜活农产品的生产和供给状况极易受气候影响，价格波动的频度和幅度远大于其他生活必需品。因此，日本的各种经济组织，一方面指导蔬菜等农产品的生产和上市有计划地进行；另一方面，当出现菜价一定程度或大幅度上升时，"稳定蔬菜供给基金"等组织，根据市场的有效需要，不失时机地向市场增投蔬菜，扩大供应，保证需求，从而平抑菜价。

2. 政府紧握流通的批发环节，调控生产和市场，稳定物价

在日本，农产品批发业主要是经营粮食、蔬菜、果品的批发。农产品批发的主要组织形式是各类农产品批发市场。考虑到分散交易很难看准市场的动态和价格变动的走向，只有当众多的交易对象聚集在一起时，才能通过"供求竞争"形成合理的价格。因此，政府高度重视并充分利用批发市场的作用，促进流通，调节供求，稳定物价。为此，大藏省和东京都联合出资兴建农产品中央批发市场，以便于政府对东京整体市场进行有效监督和调控，并促进市场的繁荣，进而为稳定物价奠定坚实的基础。

3. 建立健全有效的统计和信息系统，及时公开经济信息，引导消费，稳定物价

日本不仅把统计和信息系统作为制定政策的重要依据，而且把及时公开经济信息作为强化民众监督、防止"搭车涨价"和不正当竞争的手段加以运用，尽可能迅速地向国民提供有关商品供求、价格变动的正确信息，引导消费者保持合理的消费行为，防止因抢购、囤积等不正当的行为引起物价上涨。在经济企划厅物价局设置"物价热线电话"，倾听消费者对物价的意见和建议，接受消费者的投诉，解答消费者的咨询等。可靠信息、有效传递，是稳定民心进而稳定物价不可或缺的环节。

为什么次贷危机的根源不是中国而是美国

2008年，受华尔街金融风暴拖累，全球经济陷入泥淖，不能自拔。美国前财长保尔森曾放出惊人之语，说中国等新兴市场国家的高储蓄率造成全球经济失衡，是导致金融危机的原因。美联储现任主席伯南克则干脆把美国房地产泡沫归咎于外国人尤其是中国人的高额储蓄。

2008年12月26日，《纽约时报》发表了题为"美元的移动：美国人口袋空空如也的时候中国人口袋厚厚鼓起"的分析文章说，在过去10年里，中国利用规模庞大的对美贸易顺差向美国的安全资产投资。中方花费约1万亿美元购买美国财政部债券和美国政府提供担保的抵押（住宅担保贷款）证券。这使美国国内利息下降、消费扩大和住宅市场出现泡沫。

美联储主席本·伯南克曾表示："如果早点（通过人民币升值）改善国际资金流向的不均衡，就能大幅减轻金融危机的冲击。

但是，仅仅依靠美国的力量是不可能实现的，只有通过国际合作才能实现。"

《纽约时报》报道说："美国现在才知道依靠从外国借来的资金无法支撑过分的消费生活，但即便如此也很难解决问题。为了解决金融危机并扶持经济，现在反而要从外国借更多的钱。"美国现在如同瘾君子一样，正如议员林赛·格雷厄姆说："谁都不想断这个药。"

自美国引发全球性经济危机后，美国认为是中国纵容了美国的高消费，美国国内舆论企图将制造经济危机的罪名嫁祸给中国。

美国经济研究专家社科院荣誉学部委员陈宝森先生认为，这种说法根本是美国在推卸自己的责任，没有任何道理。美国政府和人民的过度消费观念不是在和中国打交道之后开始的。他们这种消费理念的形成也不是一朝一夕能完成的，而是有着很长的历史。所有发生的问题，都是美国人自己造成的。而且，美国指责中国等发展中国家购买美国国债过多也是没有道理的。因为，这都是双方的自愿行为，如果美国认为这样有损其利益可以不卖。美国《纽约时报》的文章完全可以看出其是在推卸责任，并在为自己找替罪羊。

孔子说过："见不贤而内自省也。"即使在美国国内学术界，也有观点认为美国的储蓄率持续下降，经常项目长期恶化，是美国自身的原因。在诸多原因中，被人们广泛诟病的就是长期的低利率造成的全社会超前消费的习惯，市场监管的缺失导致的金融衍生品的滥用等一系列问题。

自20世纪90年代走出经济衰退以来，美国一直以充分就业、价格稳定和长期保持低利率作为其货币政策的最终目标。很明显，低利率是美国多年前就开始奉行的政策，那时无论是中国还是其他新兴市场国家，都还没有多大的贸易顺差，也谈不上高额储蓄。因此，保尔森关于新兴市场国家造成低利率的说法刚好颠倒了因果。

被称为"世上最伟大央行行长"的美联储前主席艾伦·格林斯潘恐怕没有想到，在退休两年多之后，对他的"清算"之声来得如此凶猛。

美联储前任主席格林斯潘在国会就金融危机做证时，承认他过去抗拒对金融市场监管的做法，有部分的过错。格林斯潘在《华尔街日报》发表的文章中承认，他任职期间实施的低利率政策可能助长了美国房价泡沫。

1992年—1995年，在美国经济一片向好的情形下，格林斯潘未雨绸缪，7次提高联邦利率，为经济适度降温。而1998年亚洲金融危机扩散到全球，格林斯潘又在10周内连续三次减息，创造了美国历史上最快的减息速度，稳定了经济。同样在2001年网络泡沫破灭、恐怖分子袭击美国后，格林斯潘在短短一年内将利率从6.5%降至1.75%，刺激经济增长。那些悲观论者曾经认为恐怖袭击后，美国经济不可避免地将出现负增长，但当年美国经济增长达到了3.5%。

格林斯潘当初奉行的低利率政策导致流动性过剩，正是当年颇有成效的宽松货币政策可能导致了房地产泡沫及次贷危机的爆发。

应该承认，造成这场危机的原因里包括全球贸易和投资的不平衡，但因果关系必须搞清楚，是美元在美国监管层纵容下的过度投放，致使全球流动性过剩问题越来越严重，通货膨胀压力不断加大，才最终使得美元低利率政策难以为继。

当一个人陷入困境，如果他诚实本分，就必然会先从自身找原因；而如果他一贯自以为是，就会怨天尤人，把责任推到别人头上。

回头看看，当美国的房地产商、投资银行、保险公司等像传销一样玩弄五花八门的金融衍生品的时候，当华尔街的"精英"们把泡沫吹大，从中捞取数千万美元乃至上亿美元年薪的时候，保尔森或者伯南克在哪里？号称全球最先进最健全的美国金融体系的监管者又在哪里？

追本溯源，美国的次贷危机还是美国自身造成的，美国不应该埋怨别人，而更多的应该责怪自己。

第二章 为什么贫者越贫，富者越富

——每天懂点金融学原理

收益　风险

什么让你一夜暴富，或一夜破产——财务杠杆率

曾经的次贷危机使整个发达国家的金融体系受到波及，除美国的新世纪金融公司、英国的诺森罗克银行、北岩银行因其业务主要集中在抵押贷款领域而遭受重创外，花旗集团、美林证券、瑞士银行等大型综合银行和投资银行也都未能幸免。

美林证券有稳定的经纪业务，花旗银行有大量的零售银行业务和全球化的分散投资，瑞士银行有低风险的财富管理业务，一贯享受着最高的信用评级，房地产抵押贷款只是他们利润来源的一小部分。但正是因为这个抵押贷款业务让这些金融寡头们遭受了沉重的打击。在20倍的高杠杆放大作用下，各大金融集团在次贷危机中的投资损失率竟然达到18%—66%，平均损失约30%。

很多投资银行在追求暴利的驱使下，采用20—30倍的杠杆操作。假设一个银行A自身资产为30亿，30倍杠杆就是900亿。也就是说，这个银行A以30亿资产为抵押去借900亿的资金用于投资，假如投资盈利5%，那么A就获得45亿的盈利，相对于A自身资产而言，这是150%的暴利；反过来，假如投资亏损5%，那么银行A赔光了自己的全部资产还欠15亿。

通过以上的案例可以看出，高杠杆率对投行的影响是双向

的，它既能放大投行的盈利，也能放大投行的风险损失；其资产的小幅减值或业务的微小损失都有可能对羸弱的资本金造成严重冲击，令其陷入绝境。

所谓的杠杆率即一个公司资产负债表上的风险与资产之比率。杠杆率是一个衡量公司负债风险的指标，从侧面反映出公司的还款能力。一般来说，投行的杠杆率比较高，美林银行的杠杆率在2007年是28倍，摩根斯坦利的杠杆率在2007年为33倍。

财务杠杆之所以叫杠杆，有它省力的因素。物理杠杆通过增加动力臂长度，提高动力的作用，来节省所付出的力量；而财务杠杆则通过增加贷款数量来节约自有资金的支出，增加资金的流动性，进一步提高收益水平。这里需要符合一个基本的条件，就是贷款利率低于资金利润率。也就是说，用借来的钱赚得的钱要比借钱的利息高，否则贷得越多，赔偿的就会越多。

财务杠杆率等于营业利润与税前利润之比，反映的是由于存在负债，所产生的财务费用（利息）对企业利润的影响，在一定程度上反映企业负债的程度和企业偿债能力，财务杠杆率越高反映利息费用越高，导致ROE指标越低。

简单地讲，就是把你的资金放大，这样的话你的资金成本就很小，同时你的风险和收益就放大了。因为，盈亏的百分比不是依据原来的资金，而是根据放大后的资金来衡量的。也可以把财务杠杆简单看作是公司利用债务资产的程度，即公司负债与公司净资产的比值。可以确定的是，该比值越高，公司的杠杆比率就

收益　　　　　风险

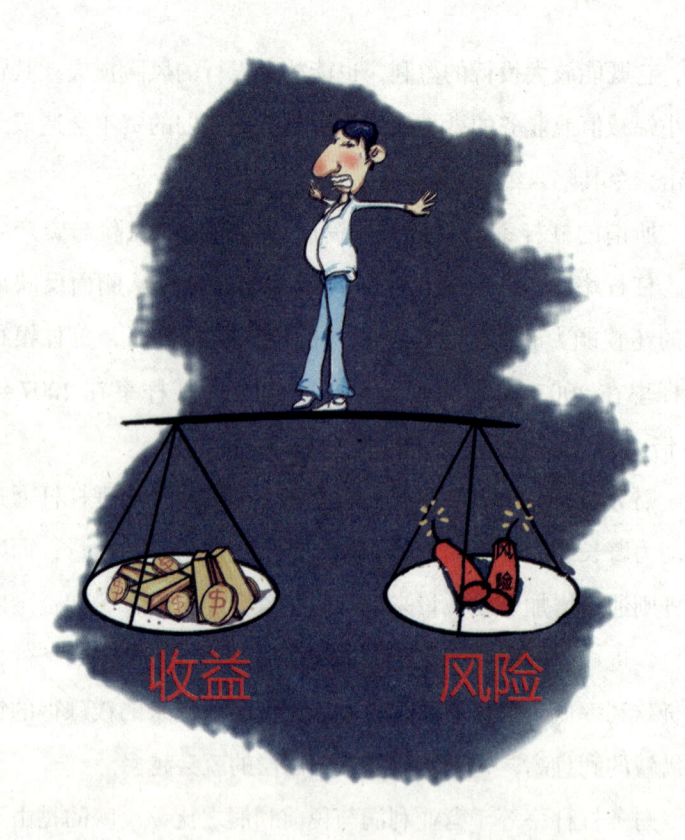

越大,说明公司的经营风险越高;比值越低,公司的杠杆比率就越低,公司的经营风险也就越低。

　　财务杠杆是用公司的资本金去启动更多的资金,在金融学中,经常用杠杆比例这一指标来表示。杠杆比例是总资产与净资产之比,这一比例越高,风险就越大。我们从一个简单的例子来看看高杠杆所带来的高收益与高风险。

　　以投资股票为例,假如某投资者有1万元可用于投资,欲购买A股票,当前价格10元,他可买1000股,在不计手续费的情况下，股价上涨至15元，他可获利5000元；股价下跌至5元，他将损失5000元。

又假如他可以按1∶1的比例融资（其杠杆是2倍），那么，他可购买2000股A股票。股价上涨至15元，他可获利1万元；股价下跌至5元，他将损失1万元。如此，收益和风险都扩大了2倍。

再假如他使用4倍的杠杆融到4万元，则其可以买4000股股票，如果股价同样从10元上涨至15元，他每股盈利5元，可以赚2万元；股票下跌至5元，他将损失2万元。其投资的收益与风险与初始投资相比，放大了4倍。

在现实生活中，很多人为了更多更快地获得资产性收益，利用财务杠杆开始压缩生活杠杆，通过炒股炒房获得资本，尝到甜头之后，往往抵押房地产炒股，甚至继续利用房地产抵押买来的股票做抵押再炒股炒房，杠杆比例持续上升。当资产价格上涨，这些杠杆带来正面效应，获得大量收益的时候，个人往往因为钱来得太容易而昏头，冲动买入大量奢侈品，刺激了生活杠杆。但是，如果资产价格下跌，这些杠杆作用的威力也是巨大的，你所有的资产均可能会化为泡影，成为负债累累的"负翁"。

因此，控制杠杆是分散业务风险的前提，在金融创新中要秉持"可以承受高风险，绝不承受高杠杆"的原则，当风险不可测时，控制杠杆比控制风险更重要。

不可违背的"太太定律"——市场意志原理

投资基于信念。比如,同样的消息释放出来,听闻的投资者会有截然不同甚至相反的理解;不同的分析师也会根据不同的数据得出五花八门的结论;所有的交易单,有多少买方就必定有多少卖方。市场里的每一位交易者,其实都是在根据自己的"信念系统"进行交易。而所谓的"基本面研究"和"技术分析",不过是辅助手段,或者说让自己的交易单下得更加符合自己的心理预期。

信念是认知、情感和意志的有机统一体,是人们在一定的认识基础上确立的对某种思想或事物坚信不疑并身体力行的心理态度和精神状态。对于市场信念各学派有着不同的见解。

奥地利学派的信念是:市场是自然的函数,任何人都不能对抗自然,而只能顺应自然。奥地利学派相信,个体与整体受同样的规则约束。如果说某种原则对个人有益,譬如节俭,那么对私有实体、国家也同样有益。经济学不存在任何的"集合悖论",也不应人为地规划所谓的"宏观经济学"和"微观经济学"。

自然界有既定的自然规律,比如阴阳交替,潮涨潮落,那么人类本身也难逃自然规律而经历繁荣和衰败,经济活动是人所为,也无法摆脱自然的约束。奥地利学派认为,经济荣枯循环不可避免。任何国家都不可能无休止地维持增长,当乐观情绪蔓延,每个人都以为自己只需炒股投资,坐收渔利的时候,实际的储蓄逐渐被耗尽,财产的消亡必会来临。在衰退期,最好的方式就是顺其自然，不要与经济规律对抗。

经济学家凯恩斯学派的信念则完全相反，认为市场是"人类意志"的函数，是可以依靠人力改变的。他们否认个体与整体的同一性，主张用两套理论解释经济：研究国家用"宏观经济学"，研究个人行为和公司行为则用"微观经济学"。凯恩斯之所以如此"创新"，很可能是受到了当时物理学界变革的影响，那时牛顿的万有引力定律饱受质疑，而量子力学则方兴未艾。物理学家倾向于用量子力学解释微观的原子，而仍然沿用牛顿定律来解释宏观的天体。

然而经过时代的变迁，物理学家已经发现了这种人为界定"宏观"与"微观"的缺陷。天体是由原子所组成，国家是由个人所组成，一国的经济活动也是无数个人行为的结果。究竟哪一点才是宏观与微观的界线？

现代科学已经证实，宇宙的规律在于"分形"，即在不同尺度显现出同样的规律，彼此相似却不尽相同。自然界处处都是分形的例子。例如海岸线，无论是放大 100 倍还是缩小到 1%，都是海岸线的形状，你无法区分出自己看到的究竟是哪个尺度的海岸线。类似的还有山脊、雪花，以及天体每个层级的公转无不显现出分形的特质。同样，在市场中，艾略特的波浪理论清晰地展示了各个浪级之间的关系。但是和自然界所有其他分形一样——相似但不尽然。你无法发现两条完全一样的海岸线，也无法看到两组完全一样的波浪形态。

遗憾的是，凯恩斯主义者永远也不认同人类经济活动遵循分形的规律。勤俭节约对个人和家庭是美德，但到了社会层级，就变成了坏事。

凯恩斯主义者还把人类意志独立在自然之外，相信依靠人的力量可以扭转经济走势。一旦经济低迷，就用放松货币的方式实施刺激，从而实现恒久增长，彻底消除起伏不定的经济周期。总而言之，就是"人定胜天"。他们相信，市场不必由"虚无缥缈"的自然规律左右，而完全可以依靠决策者的财政或货币政策来控制。

"相信自然"与"相信意志"，是两套水火不容的信念。信念的区别决定了思维的差异。例如，看涨黄金与看涨美元就是一个典型。前者在"自然阵营"，相信天然货币，相信滥发钞票定会诱发恶性通胀的自然规律；后者则处于"意志与强权阵营"，信任人造货币（还有"国债"），其逻辑是"美元是国际储备货币""强势美元最符合美国利益"。

信念的分歧会产生交易。有人可能会问：黄金从200美元上升到1900美元，为什么却总是有人愚蠢地卖出或做空？如果你认为市场是自然的函数，就应该顺应市场；若相信人的意志（或强权意志）可以改变市场，相信"人定胜天"，那么就会本能地选择与市场对抗。

自里根政府大力缩减政府职能，将很多原来由国家控制的工业放手推向市场以来，美国人一直陶醉在自由经济耀眼迷离的光环之中。20世纪60年代总共只占到美国国民生产总值4%的金融业和保险业在放开监管的宽松环境里追逐利益迅速膨胀，到

2006年已经占到了国民生产总值的8%。这个庞大体系内的游戏参与者以超过自身资金储备几十甚至几百倍的杠杆率相互借贷套利并转嫁风险，在没有裁判的情况下攫取似乎没有穷尽的利润。

但席卷全球的金融风暴让美国人从云端跌落下来。2009年2月，29万处房产因房主无法还贷而收到强制拍卖通知，比2008年同期上升30%。3月全美失业人口达到1320万，失业率再创新高达到8.5%。摔得鼻青脸肿的人们，带着满身伤痛互相质问："这到底是为什么？"这正是自由市场信念过度的结果。

因此，用人的意志来左右市场，或许只会给信奉自然的信徒们一个无风险的交易机会而已。如果违背经济规律，风险将无处不在。

随大流是明智还是愚蠢——博傻理论

在艺术品市场中，商品琳琅满目，很多人对艺术品一知半解，也完全不去管某件艺术品的真实价值，即使它一文不值，也愿意花高价买下。这是因为大部分人都在期望会有比自己更不在行的人，可能会凭借一时冲动，或者喜欢它的做工和外表，而再以更高的价格从自己手中买走。像其中所描述的一样，投资成功的关键就在于能否准确判断究竟有没有比自己更大的笨蛋出现。只要你不是最大的笨蛋，就仅仅是赚多赚少的问题。如果再也找不到愿意出更高价格的更大笨蛋从你手中买走这件艺术品的话，那么，很显然你就是最大的笨蛋了。

"博傻理论"所要揭示的就是投机行为背后的动机，关键是判断是否有比自己更大的笨蛋，只要自己不是最大的笨蛋，那么自己就一定是赢家，只是赢多赢少的问题。如果再没有一个愿意出更高价格的更大笨蛋来做你的"下家"，那么最终最大的笨蛋就是你。任何一个投机者对"最大的笨蛋"理论都深信不疑。

那什么是博傻？在股票和期货市场上，博傻是指在高价位买进股票，等行情上涨到有利可图时迅速卖出。这种操作策略通常被市场称为傻瓜赢傻瓜，所以只能在股市处于上升行情中适用。从理论上讲博傻也有其合理的一面，博傻策略是高价之上还有高价，低价之下还有低价，其游戏规则就像接力棒，只要不是接最后一棒都有利可图，做多者有利润可赚，做空者减少损失，只有接到最后一棒者倒霉。投机狂潮最有力的动机解释就是博傻理论。

1593年，一位维也纳的植物学教授到荷兰的莱顿任教，他带去了在土耳其栽培的一种荷兰人此前没有见过的植物——郁金香。荷兰人对此非常痴迷，于是教授认为可以大赚一笔，但是他所出示的高价令人望而却步。不得不让人想到了其他秘密的举动。终于在一个深夜，教授带来的全部郁金香球茎都被一个窃贼收入囊中，并以比教授低很多的价格很快卖空。

郁金香就以这种方式出现在荷兰人的花园里。后来郁金香受到花叶病的侵蚀，病毒使花瓣生出一些反衬的彩色条纹或"火焰"。富有戏剧性的是带病的郁金香成了珍品，以致一个郁金香球茎越古怪价格越高。于是有人开始囤积郁金香，又有更多的人出高价从囤积者那儿买入并以更高的价格卖出。1638 年，最大的笨蛋出现了，持续了五年之久的郁金香狂热悲惨落幕，球茎价格竟然跌到了一只洋葱头的售价。

经济学家凯恩斯认为，专业投资者不愿将精力用于估计内在价值，而宁愿分析投资大众将来如何作为，分析他们在乐观时期如何将自己的希望建成空中楼阁。成功的投资者会估计出什么样的投资形势最容易被大众建成空中楼阁，然后在大众之前先行买入股票，从而占得市场先机。

在如此这般疯狂的投资世界，每分钟都会诞生无数个傻瓜，他之所以出现就是要以高于你投资支付的价格购买你手上的投资品。只要有其他人可能愿意支付更高的价格，再高的价格也不算高。发生这样的情况，正是大众心理在发酵。

凯恩斯就是在投机行为中发现了"博傻理论"。

经济学家凯恩斯为了能够专注地从事学术研究，经常出外讲课以赚取课时费，但课时费的收入毕竟是有限的，在不满足的情况下，他在 1919 年 8 月，借了几千英镑去做远期外汇这种投机生意。仅仅 4 个月的时间，凯恩斯净赚 1 万多英镑，这相当于他讲课 10 年的收入。刚开始有惊无险，狂妄之余仍然任由自己的欲望膨胀，仅仅 3 个月之后，凯恩斯就把赚到的利润和借来的本金输了个精光。赌徒的心理是输掉的总要想尽办法赢回来，上帝总是眷顾幸运的人，结果 7 个月后，凯恩斯又涉足棉花期货交易，又大获成功。

此间凯恩斯把期货品种几乎做了个遍，而且还涉足股票。到1937年他因病而"金盆洗手"的时候，他已经积攒起一生享用不完的巨额财富。

与一般赌徒不同，作为经济学家的凯恩斯在这场投机的生意中，除了赚取可观的利润之外，最大也是最有益的收获是发现了"笨蛋理论"，也有人将其称为"博傻理论"。

对于博傻行为，可以分为两种：一种是感性博傻；一种是理性博傻。前者是在行动时不知道自己已经进入一场未知结果的博傻游戏，而后者是清楚地知道博傻及其相关的规则，只是相信一定会有更傻的投资者会介入。因此，会拿些少量的资金来赌一把。

始于1720年的英国股票投机狂潮有这样一个插曲：一个无名氏创建了一家莫须有的公司。自始至终无人知道这是什么公司，但认购时近千名投资者争先恐后把大门挤倒。没有多少人相信它真正获利丰厚，而是预期更大的笨蛋会出现，价格会上涨，自己要赚钱。饶有意味的是，牛顿参与了这场投机，并且不幸成了最大的笨蛋。他因此感叹："我能计算出天体运行，但人们的疯狂实在难以估计。"

理性博傻能够赚取利润的前提是，会有更多的傻子来跟风，这是对大众心理的判断，当投资者发现当前的价位已经偏高准备撤离时，市场的高点也真正到来了。所以"要博傻，不是最傻"这句话说起来简单，做起来并不容易，没有人能准确地判断出会有多少更傻的人介入，理性博傻者很容易成为最大的傻瓜。所以参与博傻的前提是要对大众心理进行研究和分析，并控制好自己的心态。对于博傻现象，完全放弃也不一定是完全合理的理性，在自己可以完全掌控的状况下，适当保持一定的理性博傻，也不失是一种投资策略。

贫者越贫，富者越富——马太效应

《圣经》中有这样一个故事：

一位富人将要远行去国外，临走之前，他将仆人们叫到一起并把财产委托给他们保管。主人根据每个人的才干，给了第一个仆人五个塔伦特（注：古罗马货币单位），第二个仆人两个塔伦特，第三个仆人一个塔伦特。拿到五个塔伦特的仆人把它用于经商，并且赚到了五个塔伦特；同样，拿到两个塔伦特的仆人也赚到了两个塔伦特；但拿到一个塔伦特的仆人却把主人的钱埋到了土里。过了很长一段时间，主人回来了。拿到五个塔伦特的仆人带着另外五个塔伦特来见主人，他对自己的主人说："主人，你交给我五个塔伦特，请看，我又赚了五个。""做得好！你是一个对很多事情充满自信的人，我会让你掌管更多的事情，现在就去享受你的土地吧。"同样，拿到两个塔伦特的仆人带着他另外两个塔伦特来了，他对主人说："主人，你交给我两个塔伦特，请看，我又赚了两个。"主人说："做得好！你是一个对一些事情充满自信的人，我会让你掌管很多事情，现在就去享受你的土地吧。"最后，拿到一个塔伦特的仆人来了，他说："主人，我知道你想成为一个强人，收获没有播种的土地。我很害怕，于是就把钱埋在了地下。看那里，埋着你的钱。"主人斥责他说："又懒又缺德的人，你既然知道我想收获没有播种的土地，那么你就应该把钱存在银行，等我回来后连本带利还给我。"说着转身对其他仆人说："夺下他的一个塔伦特，交给那个赚了五个塔伦特的人。""可是他已经拥有十个塔伦特了。""凡是有的，还要给他，使他富足；但凡没有的，连他所有的，也要夺去。"

这个故事出自《新约·马太福音》。20世纪60年代，知名社会学家罗伯特·莫顿首次将"贫者越贫，富者越富"的现象归纳为马太效应。

马太效应无处不在，无时不有。任何个体、群体或地区，一旦在某一个方面如金钱、名誉、地位等获得成功和进步，就会产生一种积累优势，就会有更多的机会取得更大的成功和进步。如今，马太效应在经济领域的延伸意义就是贫者越贫，富者越富。

其实这一点很容易理解，因为在金钱方面也是如此：即使投资回报率相同，一个本钱比他人多十倍的人，收益也多十倍；股市里的大庄家可以兴风作浪而小额投资者往往血本无归；资本雄厚的企业可以纵情运用各种营销手腕推广自己的产品，小企业只能在夹缝中生存。

随着社会的发展，渐渐地马太效应适用的领域越来越广泛。经济学规律告诉我们，财富的增减有时候以几何的形式呈现。每一个有志于扩张财富的人，都应掌握财富增长的规律，去实现自己的计划。

对于投资者来说，储蓄和投资是积累财富的两大重要途径。从表面上看似乎是最没有风险的，而且可以获得稳定的利息，殊不知，在低利率时代仅仅依靠储蓄不可能满足你积累财富的要求。因为，通货膨胀一方面会使你手中的货币贬值，另一方面，投资会使以货币计量的资产增值，你持有了能够增值的资产，自然就不用担心资金购买力的侵蚀了。

不如我们先看个案例：

光成和青楠是同一个公司的职工，他们每月的收入都是2000元，光成刚开始每个月从工资中扣除400元存在银行做储蓄，经过3年，积累了近15000元。然后，他将其中的5000元分别存在银行和买了意外保险。再将剩下的1万元投资了股市。起初，股票上的投资有赔有赚，但经过2年多的时间，1万元变成了4万元多，再加上后面2年再投入的资本所挣得的盈利以及留存在银行里的储蓄，他的个人资产差不多达到了七、八万。

而青楠则把钱全都存在了银行，5年下来扣除利息税，再加上通货膨胀，他的钱居然呈现了负增长。也就是说，如果他和光成一样，每月存400元，那5年后，他的存款也不过是25000元，再扣除通货膨胀造成的损失（假定为0.03%）7.5元，则剩下24992.5元。

5年的时间，就让两个人相差将近5万元！一年就是1万，那么40年后呢？就是更大的数字了。而且，光成因为积蓄的增多，还会有更多的机会和财富进行投资，也就是能挣更多的钱。青楠则可能因为通货膨胀，积蓄变得更少。

案例正应了马太效应里的那句话,让贫者更贫,让富者更富。即便是再小的钱财,只要你认真累积,精心管理,也会有令人惊讶的效果,并让你有机会、有能力更加富有。

一些工薪族认为,每个月的工资不够用,即便省吃俭用也没剩下多少。即便理财,效果也不大,还有必要理财吗?

这种想法是错误的。只要理财,再少的钱都可能给你带来一份收益,而不理财则再多的钱也会有花光的时候。再加上我们前面说的马太效应,只要你肯理财,时间久了,也就积累了更多的财富,有更多的机会收获成功。不要让你的财富陷入负增长的不健康循环中去,善理财者会更富有,而不懂得运作金钱赚钱的人会日益贫穷,这就好比马太福音中的那句经典之言:让贫者越贫,富者越富!

第三章 看透钱的本质
——每天懂点货币知识

货币的起源：谁人不识孔方兄

在太平洋某些岛屿和若干非洲民族中，以一种贝壳——"加马里"作为货币来购物，600个"加马里"可换一整匹棉花。再如美拉尼西亚群岛的居民普遍养狗，所以就以狗牙作货币，一颗狗牙大约可买100个椰子，而娶一位新娘，必须给她几百颗狗牙作礼金！

在太平洋加罗林群岛中的雅浦岛，这里的居民使用石头货币。这里每一枚货币叫作"一分"，但这样的一"分"，绝不可以携带在身上。因为它是一个"庞然大物"的圆形石头，中心还有一个圆窟。照当地人的规定，"分"的体积和直径越大，价值就越高。因此，有的价值高的"分"的直径达到5米。这种货币是用石灰岩的矿物——文石刻成的，但雅浦岛上没有文石，当地人要远航到几百里外的帕拉乌岛把大石打下，装在木筏上运回。单是海上那惊险百出的航程，就要历时几个星期。

巨大的石头货币，有优点也有缺点，优点是不怕盗窃，不怕火烧水浸，经久耐磨，缺点是不易搬运，携带不得。所以用这种货币去购物时，必须要把货主带到石头货币旁边察看成色，然后讲价。

由于搬运艰难，人们卖掉货物换来的石头货币，只好打上印戳，让它留在原地，作为自己的一笔"不动产"。

为什么狗牙和石头也能成为货币？货币为什么能买到任何东西？要解开货币的有关疑问，就必须了解货币是怎么来的。

货币的前身就是普普通通的商品，它是在交换过程中逐渐演变成一般等价物的。货币是商品，但又不是普通商品，而是特殊商品。货币出现后，整个商品世界就分裂成为两极，一极是特殊商品——货币，另一极是所有的普通商品。普通商品以各种各样的使用价值的形式出现，而货币则以价值的体化物或尺度出现，普通商品只有通过与货币的比较，其价值才能得到体现，所有商品的价值只有通过与货币的比较之后，相互之间才可以比较。

货币是商品交换长期发展过程中分离出来的特殊商品，是商品交换发展的自然结果。原始社会后期，由于社会生产力的发展，在原始公社之间出现了最初的实物交换。随着生产力的进一步发展，商品交换逐渐变成经常的行为。但是，直接的物物交换中常会出现商品转让的困难，必然要求有一个一般等价物作为交换的媒介。

美国著名的金融学家米什金在其著作《货币金融学》中提到，任何履行货币功能的物品必须是被普遍接受的——每个人都愿意用它来支付商品和服务。一种对任何人而言都具有价值的物品是最有可能成为货币的。于是，经过长期的自然淘汰，人们最终选择金银等贵金属作为支付货币。在绝大多数社会里，作为货币使用的物品逐渐确定为金属。使用金属货币的好处是它的制造需要人工，无法从自然界大量获取，同时还易储存。数量稀少的金、银和冶炼困难的铜逐渐成为主要的货币金属。

随着文明的发展，人们逐渐建立了更加复杂而先进的货币制度。人们开始铸造重量、成色统一的货币。这样，在使用货币的时候，既不需要称重量，也不需要测试成色，方便得多。货币上面通常印有国王或皇帝的头像、复杂的纹章和印玺图案，以免伪造。

中国最早的金属货币是商朝的铜贝。商代在我国历史上也称青铜器时代，当时相当发达的青铜冶炼业促进了生产的发展和交易活动的增加。于是，在当时最广泛流通的贝币由于来源的不稳定而使交易发生不便时，人们便寻找更适宜的货币材料，自然而然集中到青铜上，青铜币应运而生。人们将其称为铜贝。随着冶炼技术的发达，铜不再是稀贵的金属，人们开始用更加难以获得的金和银作为铸造货币的金属材料。此后相当长的一段时间内，金、银都是被普遍使用的货币。16世纪，哥伦布发现新大陆，大量来自美洲的黄金和白银通过西班牙流入欧洲，金银货币更加得到了世界范围内的流通。

在金融学中，由贵金属或其他有价值的商品构成的货币统称为商品货币。在人类发展的很长一段时间内，几乎在任何一个国家和社会中，商品货币都发挥了交易媒介的功能。但随着人类文明的发展，商品货币还是被淘汰了，原因在于金属货币太重了，使用不方便，并且流通困难，很难从一地运送到另一地。因此，纸币也就应运而生了。

中国北宋时期四川成都出现了一种"交子"，这就是世界上最早的纸币。北宋初年，成都一带商业十分发达，通货紧张，而当时铸造的铁钱却流通不畅。于是当地16家富户开始私下印制一种可以取代钱币、用楮树皮造的券，后来被称作"交子"。当地政府最初想取缔这种"新货币"，但是这种"新货币"在经济流通中作用却十分明显，于是决定改用官方印制。但是"交子"的诞生地却一直没能确定。

后据历史考证，"交子"最早在成都万佛寺内印制。《成都金融志》中说："北宋益州的'交子铺'实为四川历史上最早的货币金融机构，而益州的'交子务'则是最早由国家批准设立的纸币发行机构。""交子"的出现，便利了商业往来，弥补了现钱的不足，是我国货币史上的一大业绩。此外，"交子"作为我国乃至世界上发行最早的纸币，在印刷史、版画史上也占有重要的地位，对研究我国古代纸币印刷技术有着重要意义。

今天，我们已经不用金元宝或银锭、铜板买东西了，而是用一些"纸"。这些"纸"的价值几乎可以忽略不计，但是它却有神奇的力量，可以换来任何你想要的东西，甚至连黄金也可以交换，这似乎让人觉得不可思议。

在商品货币时代，金属货币使用久了，就会出现磨损，变得不足值。人们就意识到可以用其他的东西代替货币进行流通，于是就出现了纸币。纸币在货币金融学中最初的定义是发挥交易媒介功能的纸片。最初，纸币附有可以兑现金属货币的作用，但是最后演变为不兑现纸币。不兑现纸币是不能兑换成黄金或者白银的，但它却拥有同样的购买力。因为，它的购买力源于政府的权威和信誉。只要政府宣布它为法定偿还货币，那么在支付债务时，人们都必须接受它，而不用再把它转化为金属货币后支付。纸币比金属货币轻得多，流通方便，加上不需要耗费昂贵的原材料，于是很快就被人们接受了。

事实上，接受纸币也是需要一些条件的。只有人们对货币发行当局有充分的信任，并且印刷技术发展到足以使伪造极为困难的高级阶段时，纸币方可被接受为交易媒介。

纸币出现的另一个深层次的原因是由此建立的法定货币体制彻底摆脱了黄金和白银对货币总量的制约，这使得当局对货币的控制更加有弹性，更加灵活。政府甚至可以无限制地增加货币供应来获得政府收益。当然，由此引发的通货膨胀问题逐渐被引导到经济学研究的重要课题上。凯恩斯对此曾说："用（通货膨胀）这个办法，政府可以秘密地和难以察觉地没收人民的财富，一百万人中也很难有一个人能够发现这种偷窃行为。"而这些都是建立在以不兑现纸币为基础的法定货币体制之上的。

其实严格来说，纸币并不是货币。因为，货币是从商品中分离出来的、固定充当一般等价物的商品。纸币由于没有价值，不是商品，所以也就不是货币。在现代金融学中，纸币是指代替金属货币进行流通，由国家发行并强制使用的货币符号。今天我们使用的人民币或者美元等都是由国家信用作为保障强制流通的货币符号。而纸币本身没有和金属货币同样的内在价值，它本身的价值也比国家确定的货币价值小得多，它的意义在于它是一种货币价值的符号。它可以执行货币的部分功能：流通手段和支付手段，部分国家的纸币还可以执行世界货币职能（如美元、欧元、人民币等）。纸币的发行量由国家决定，但国家不能决定纸币的实际价值。

货币演进："以物易物"到纸币做"媒"

你知道我们交换用的货币是怎么演化过来的吗？关于货币的演化，让我们先来回顾一下上一节中的雅浦群岛的故事吧。

太平洋加罗林群岛中有个雅浦群岛，岛上不出产金属，人们使用打制成圆形的石头作为交换媒介，岛民们把这种当货币使用的圆石叫作"分"。

刚开始时由于小岛上居民们的需求量不大，大家都以各自的出产互相交换所需物品，公平买卖。随着岛屿的扩大和人口的增加，商品流通规模随之增加。现有的"分"数量明显不够，岛上居民需要更多的"分"来衡量交易物品的价值。由于采集、打磨石头是一件很费工夫的事情，于是雅浦群岛出现了类似"铸币厂"的地方。

随着岛上商品经济的发展，"分"的使用已经极大地制约了商品流通。于是人们想出了一个办法，在岛上发行一种可以代表"费"的纸币。为了便于计算，纸币的面额一般为100分、50分、20分、10分、5分、2分、1分、0.5分、0.2分、0.1分等。这样一来，商品流通效率提高，各地物产、贸易量增加，岛上居民收入提高，就业率也保持稳定增长。

这就是货币的形象产生过程。货币自诞生以来，经历了实物货币、金属货币、信用货币等数次转变。货币的"祖先"脱胎于一般的商品。某些一般的商品由于其特殊的性能，适合用作交易媒介，于是就摇身一变成了商品家族的新贵——货币。比如贝壳，今天的人们已经很难想象它曾经是叱咤风云的"钱"。除了贝壳，还有龟壳、布帛、可可豆、鲸鱼牙，甚至玉米等，都曾在不同地区的不同时代充当过货币。后来，取代实物货币的是金属，比如金、银、铜、铁等，它们都曾长时间扮演过货币的角色。在金属货币之后诞生了纸币，也就是所谓的信用货币。

货币的发展一共经历了如下几个阶段：

1. 物物交换

人类使用货币的历史产生于物物交换的时代。在原始社会，人们使用以物易物的方式，交换自己所需要的物资，比如一头羊换一把石斧。但是有时候受到用于交换的物资种类的限制，不得不寻找一种能够为交换双方都能接受的物品。这种物品就是最原始的货币。牲畜、盐、稀有的贝壳、珍稀鸟类羽毛、宝石、沙金、石头等不容易大量获取的物品都曾经作为货币使用过。

在人类早期历史上，贝壳因为其不易获得，充当了一般等价物的功能，贝壳因此成为最原始的货币之一。今天的汉字如"赚""赔""财"等，都有"贝"字旁，就是当初贝壳作为货币流通的印迹。

2. 金属货币

早期的金属货币是块状的，使用时需要先用试金石测试其成色，同时还要称重量。随着人类文明的发展，逐渐建立了更加复杂而先进的货币制度。古希腊、罗马和波斯的人们铸造重量、成色统一的硬币。这样，在使用货币的时候，既不需要称重量，也不需要测试成色，无疑方便得多。这些硬币上面带有国王或皇帝的头像、复杂的纹章和印玺图案，以免伪造。世界上最早的金属货币是我国的铜贝。

3. 金、银

西方国家的主币为金币和银币，辅币以铜、铜合金制造。随着欧洲社会经济的发展，商品交易量逐渐增大，到15世纪时，经济发达的佛兰德斯和意大利北部各邦国出现了通货紧缩的恐慌。从16世纪开始，大量来自美洲的黄金和白银通过西班牙流入欧洲，挽救了欧洲的货币制度，并为其后欧洲的资本主义经济发展创造了的条件。

4. 纸币

随着经济的进一步发展，金属货币同样显示出使用上的不便。在大额交易中需要使用大量的金属货币，其重量和体积都令人感到烦恼。金属货币使用中还会出现磨损的问题，据不完全统计，自从人类使用黄金作为货币以来，已经有超过两万吨的黄金在铸币厂里，或者在人们的手中、钱袋中和衣物口袋中磨损掉。于是作为金属货币的象征符号的纸币出现了。世界上最早的纸币为宋朝年间于中国四川地区出现的"交子"。

目前，世界上共有两百多种货币，流通于世界190多个国家和地区。作为各国货币主币的纸币，反映了该国历史文化的横断面，沟通了世界各国人民的经济交往。目前，世界上比较重要的纸币有美元、欧元、人民币、日元和英镑等。

随着信用制度的发展，我们对存款货币和电子货币也已经不感到陌生了，但新的货币形式还将不断出现。货币如同魔术师的神秘魔术，它神奇地吸引着人们的注意力，调动着人们的欲望，渗透到每一个角落，用一种看不见的强大力量牵引着人们的行为。我们要正确认识货币，更要正确使用货币。

货币本质：从贝壳到信用卡，什么才是货币

货币是我们在日常生活中经常接触到的东西。在一般人看来，所谓货币，无非就是可以拿来买东西的人民币、美元或英镑等。以上所说的货币，其实是指"钱"，即流通中的现金或通货。不过在金融学或经济学里，这样定义货币是不准确的，货币的范围要比这个大得多。在今天，支票、信用卡、银行卡都可以作为我们购物时的支付工具。实际上，在现代经济生活中，无论是商品、

劳务还是金融产品的交易，用现金支付的只占极小的比重。

在日常生活中又有很多人将货币等同于财富。一个人很富有，我们会说他很有钱；一个人囊中羞涩、生活拮据时，我们会说他没什么钱。这里的钱就指财富，但财富的范围又要比货币宽泛得多。人们购买的股票、债券、基金等金融资产和拥有的住宅、轿车等都归为财富之类，但它们不属于货币的范畴。

那么，金融学到底是如何定义货币的呢？通常经济学家将被人们普遍接受的，可以充当交易媒介、价值尺度、价值储藏、支付手段和安全流动的商品，都可以看作货币，其本质是一般等价物。它既可以是黄金白银这样的有形物品，也可以是一种被普遍接受的符号。只要它具有以上五个方面的功能，经济学家都称它为货币。

货币的本质是固定地充当一般等价物的商品，它能和所有的商品交换，充当商品交换的媒介。货币的发展是一个漫长的过程，由贝壳、金、银、铜等这些实物货币发展到纸币、银行券这些信用货币，现在市场上又出现了虚拟的电子货币，如我们日常生活中常用到的储值卡、信用卡、电子支票、电子钱包等。

货币的发明是人类社会组织史上具有重要意义的里程碑。货币的发明，不但促进了产品交换、税收管理、产品分配的发展，更重要的是找到了一种在血缘关系和婚姻关系之外的新型社会生产组织形式，并直接导致了国家的诞生。

货币功能：货币为什么能买到世界上所有的商品

经济学家艾文懂得经济学原理。在物物交换的经济社会中，如果艾文想获得食物，他就必须找到一个农场主，这个农场主必须既生产他所喜欢的食物，又想学习经济学。可以想象，这需要一定的运气和大量的时间。如果我们引入货币，情况又如何呢？艾文可以为学生讲课，收取货币报酬。然后艾文可以找到任何农场主，用他收到的钱购买他所需要的食物。这样需求的双重巧合问题就可以避免了。艾文可以节省大量的时间，用这些时间，他可以做他最擅长的事：教书。

从这个例子中可以看到，货币大大降低了花费在交换物品和劳务上的时间，提高了经济运行的效率。同时，它使人们可以专注于他们最擅长的事情，同样也可提高经济运行的效率。因此，货币就是买卖的桥梁，是商品流通的中介。在一手交钱，一手交货的买卖中，货币承担着交易媒介的功能。从远古时期的贝壳，到后来的金银铜，再到纸币，再到现在的电子货币，货币的每一次进步都使买卖变得更加便利。

想了解货币具有哪些功能，我们需要从以下几个方面来认识货币：

1. 价值尺度

正如衡量长度的尺子本身有长度，称东西的砝码本身有重量一样，衡量商品价值的货币本身也是商品，具有价值；没有价值的东西，不能充当价值尺度。

在商品交换过程中，货币成为一般等价物，可以表现任何商品的价值，衡量一切商品的价值量。货币在执行价值尺度的职能时，并不需要有现实的货币，只需要观念上的货币。例如，1辆自行车值200元人民币，只要贴上个标签就可以了。当人们在作这种价值估量的时候，只要在他的头脑中有多少钱的观念就行了。用来衡量商品价值的货币虽然只是观念上的货币，但是这种观念上的货币仍然要以实在的货币为基础。人们不能任意给商品定价。因为，在货币的价值同其他商品之间存在着客观的比例，这一比例的现实基础就是生产两者所耗费的社会必要劳动量。

商品的价值用一定数量的货币表现出来，就是商品的价格。价值是价格的基础，价格是价值的货币表现。货币作为价值尺度的职能，就是根据各种商品的价值大小，把它表现为各种各样的价格。例如，1头牛价值2两黄金，在这里2两黄金就是1头牛的价格。

2. 交换媒介

在商品交换过程中，商品出卖者把商品转化为货币，然后再用货币去购买商品。在这里，货币发挥了交换媒介的作用，执行流通手段的职能。

在货币出现以前，商品交换是直接的物物交换。货币出现以后，它在商品交换关系中则起媒介作用。以货币为媒介的商品交换就是商品流通，它由商品变为货币（W—G）和由货币变为商品（G—W）两个过程组成。由于货币在商品流通中作为交换的媒介，它打破了直接物物交换和地方的限制，扩大了商品交换的品种、数量和地域范围，从而促进了商品交换和商品生产的发展。

由于货币充当流通手段的职能，使商品的买和卖打破了时间上的限制，一个商品所有者在出卖商品之后，不一定马上就买；也打破了买和卖空间上的限制，一个商品所有者在出卖商品以后，可以就地购买其他商品，也可以在别的地方购买其他商品。

3. 储藏手段

货币退出流通领域充当独立的价值形式和社会财富的一般代表而储存起来的一种职能。

货币作为储藏手段，是随着商品生产和商品流通的发展而不断发展的。在商品流通的初期，有些人就把多余的产品换成货币保存起来，储藏金、银被看成是富裕的表现，这是一种朴素的货币储藏形式。随着商品生产的连续进行，商品生产者要不断地买进生产资料和生活资料，但他生产和出卖自己的商品要花费时间，并且能否卖掉也没有把握。这样，他为了能够不断地买进，就必须把前次出卖商品所得的货币储藏起来，这是商品生产者的货币储藏。随着商品流通的扩展，货币的权力日益增大，一切东西都可以用货币来买卖，货币交换扩展到一切领域。谁占有更多的货币，谁的权力就更大，储藏货币的欲望也就变得更加强烈，这是一种社会权力的货币储藏。货币作为储藏手段，可以自发地调节货币流通量，起着蓄水池的作用。

4. 支付手段

货币作为独立的价值形式进行单方面运动（如清偿债务、缴纳税款、支付工资和租金等）时所执行的职能。

因为商品交易最初是用现金支付的。但是，由于各种商品的生产时间不同，有的长些，有的短些，有的还带有季节性。同时，各种商品销售时间也是不同的，有些商品就地销售，销售时间短，有些商品需要远销外地，销售时间长。商品的让渡同价格的实现在时间上分离开来，即出现赊购的现象。赊购以后到约定的日期清偿债务时，货币便执行支付手段的职能。货币作为支付手段，开始是由商品的赊购、预付引起的，后来才慢慢扩展到商品流通领域之外，在商品交换和信用事业发达的经济社会里，就日益成为普遍的交易方式。

在货币当作支付手段的条件下，买者和卖者的关系已经不是简单的买卖关系，而是一种债权债务关系。货币一方面可以减少流通中所需要的货币量，节省大量现金，促进商品流通的发展。另一方面，货币进一步扩大了商品经济的矛盾。在赊买赊卖的情况下，许多商品生产者之间都发生了债权债务关系，如果其中有人到期不能支付，就会引起一系列的连锁反应，使整个信用关系遭到破坏。

5. 世界货币

货币在世界市场上执行一般等价物的职能。由于国际贸易的发生和发展，货币流通超出一国的范围，在世界市场上发挥作用，于是货币便有了世界货币的职能。作为世界货币，必须是足值的金和银，而且必须脱去铸币的地域性外衣，以金块、银块的形状出现。原来在各国国内发挥作用的铸币，以及纸币等在世界市场上都失去作用。

在国内流通中，一般只能由一种货币商品充当价值尺度。在国际上，由于有的国家用金作为价值尺度，有的国家用银作为价值尺度，所以在世界市场上金和银可以同时充当价值尺度的职能。后来，在世界市场上，金取得了支配地位，主要由金执行价值尺度的职能。

国际货币可以充当一般购买手段，一个国家直接以金、银向另一个国家购买商品。也可以作为一般支付手段，国际货币用以平衡国际贸易的差额，如偿付国际债务、支付利息和其他非生产性支付等。国际货币还充当国际间财富转移的手段，货币作为社会财富的代表，可由一国转移到另一国。例如，支付战争赔款、输出货币资本或由于其他原因把金、银转移到外国去。在当代，世界货币的主要职能是作为国际支付手段，用以平衡国际收支的差额。

货币制度：没有"规矩"难成方圆

没有规矩，不成方圆，货币也有货币的规矩——货币制度。货币制度是国家对货币的有关要素、货币流通的组织与管理等加以规定所形成的制度，完善的货币制度能够保证货币和货币流通的稳定，保障货币正常发挥各项职能。货币制度由国家以法律的形式规定下来。

1. 货币制度需要明确的几个问题

（1）规定货币材料。规定货币材料就是规定币材的性质，确定不同的货币材料就形成不同的货币制度。比如，货币是用贝壳还是铜、铁，是用金、银还是纸张，但是哪种物品可以作为货币材料不是国家随心所欲指定的，而是对已经形成的客观现实在法律上加以肯定。目前，各国都实行不兑现的信用货币制度，对货币材料不再做明确规定。

（2）规定货币单位。货币单位是货币本身的计量单位，规定货币单位包括两方面：一是规定货币单位的名称，二是规定货币单位的值。比如，过去铜钱的单位是"文""贯"，金、银的单位是"两""斤"，人民币的单位是"元"。在金属货币制度条件下，货币单位的值是每个货币单位包含的货币金属重量和成色；在信用货币尚未脱离金属货币制度条件下，货币单位的值是每个货币单位的含金量；在黄金非货币化后，确定货币单位的值表现为确定或维持本币的汇率。

（3）规定流通中货币的种类。规定流通中货币的种类主要指规定主币和辅币。主币是一国的基本通货和法定价格标准，辅币是主币的等分，是小面额货币，主要用于小额交易支付。金属货币制度下主币是用国家规定的货币材料按照国家规定的货币单位铸造的货币，辅币用贱金属并由国家垄断铸造；信用货币制度下，主币和辅币的发行权都集中于中央银行或政府指定机构。

（4）规定货币法定支付偿还能力。货币法定支付偿还能力分为无限法偿和有限法偿。无限法偿指不论用于何种支付，不论支付数额有多大，对方均不得拒绝接受；有限法偿即在一次支付中有法定支付限额的限制，若超过限额，对方可以拒绝接受。金属货币制度下，一般而言主币具有无限法偿能力，辅币则是有限法偿。

（5）规定货币铸造发行的流通程序。货币铸造发行的流通程序主要分为金属货币的自由铸造与限制铸造、信用货币的分散发行与集中垄断发行。自由铸造指公民有权用国家规定的货币材料，按照国家规定的货币单位在国家造币厂铸造铸币，一般而言主币可以自由铸造；限制铸造指只能由国家铸造，辅币为限制铸造。信用货币分散发行指各商业银行可以自主发行，早期信用货

币是分散发行，目前，各国信用货币的发行权都集中于中央银行或指定机构。

（6）规定货币发行准备制度。货币发行准备制度是为约束货币发行规模、维护货币信用而制定的，要求货币发行者在发行货币时必须以某种金属或资产作为发行准备。在金属货币制度下，货币发行以法律规定的贵金属作为发行准备；在现代信用货币制度下，各国货币发行准备制度的内容比较复杂，一般包括现金准备和证券准备两大类。

2. 货币制度的演变

在漫漫历史长河中，随着货币的演变，货币制度也在不停地演变，先后存在过银本位制、金本位制、金银复本位制、纸币本位制。银本位制的本位货币是银；金本位制则以金为本位货币；金银复本位制的本位货币是金和银；纸币发行以这些金属货币为基础，可以自由兑换。后来随着经济社会的发展，金属货币本位制逐步退出了历史舞台，世界各地都确立了不兑现的信用货币制度，即纸币本位制。

（1）银本位制。其是指以白银为本位货币的一种货币制度。在货币制度的演变过程中，银本位的历史要早于金本位。银本位制的运行原理类似于金本位制，主要不同点在于以白银作为本位币币材。银币具有无限法偿能力，其名义价值与实际含有的白银价值一致。银本位分为银两本位与银币本位。

（2）金本位制。其是指以黄金作为本位货币的货币制度。其主要形式有金币本位制、金块本位制和金汇兑本位制。

①金币本位制。金币本位制是以黄金为货币金属的一种典型的金本位制。其主要特点有：金币可以自由铸造、自由熔化；流通中的辅币和价值符号（如银行券）可以自由兑换金币；黄金可以自由输出输入。在实行金本位制的国家之间，根据两国货币的黄金含量计算汇率，称为金平价。

②金块本位制。金块本位制是指由中央银行发行、以金块为准备的纸币流通的货币制度。它与金币本位制的区别在于：其一，金块本位制以纸币或银行券作为流通货币，不再铸造、流通金币，但规定纸币或银行券的含金量，纸币或银行券可以兑换为黄金；其二，规定政府集中黄金储备，允许居民当持有本位币的含金量达到一定数额后兑换金块。

③金汇兑本位制。金汇兑本位制是指以银行券为流通货币，通过外汇间接兑换黄金的货币制度。金汇兑本位制与金块本位制的相同之处在于规定货币单位的含金量，国内流通银行券，没有铸币流通。但规定银行券可以换取外汇，不能兑换黄金。本国中央银行将黄金与外汇存于另一个实行金本位制的国家，允许以外汇间接兑换黄金，并规定本国货币与该国货币的法定比率，从而稳定本币币值。

（3）金、银复本位制。其是指一国同时规定金和银为本位币。在复本位制下金与银都如在金本位制或银本位制下一样，可以自由买卖，自由铸造与熔化，自由输出输入。

复本位制从表面上看能够使本位货币金属有更充足的来源，使货币数量更好地满足商品生产与交换不断扩大的需要，但实际上却是一种具有内在不稳定性的货币制度。"劣币驱逐良币"的现象，即金、银两种金属的市场价值高于官方确定比价而不断被人们收藏时，金、银两者中的"贵"金属最终会退出流通，使复本位制无法实现。

（4）纸币本位制。纸币本位又称信用本位制，由于从国家法律而论，纸币已经无须以金属货币作为发行准备。纸币制度的主要特征是在流通中执行货币职能的是纸币和银行存款，并且通过调节货币数量影响经济活动。

纸币制度自实行之日起就存在着不同的争论。主张恢复金本位的人认为只有使货币能兑换为金，才能从物质基础上限制政府的草率行为，促使政府谨慎行事。赞同纸币本位制的人则认为，在当今的经济社会中，货币供应量的变化对经济的影响十分广泛，政府通过改变货币供应量以实现预订的经济目标，已经成为经济政策不可或缺的组成部分。

货币的时间价值：今日的1元未来价值多少

一个虔诚的教徒有一天遇见了上帝，就问："上帝啊，对你而言，一百年意味着什么？"上帝回答说："不过一瞬间而已。"教徒又问："那100万元呢？""不过1元钱而已。"于是教徒很高兴地说："上帝呀，请给我100万元钱吧！"上帝给了他一个让人绝望的回答："没问题，请等我一瞬间。"会心一笑后请认真思考一下，这个小幽默告诉了我们一个什么样的道理呢？请回答这样一个问题：相同的1元钱在今天和将来的价值是否相同？

很多人都会说是的，但经济学家说：不同。为什么？回答是，因为人们具有时间偏好——人们在消费时总是抱着赶早不赶晚的态度，认为现期消费产生的效用要大于对同样商品的未来消费产生的效用。因此，即使相同的1元钱在今天和未来都能买到相同的商品，其价值却不相同——因为相同的商品在今天和未来所产生的效用是不相同的。正是人们的时间偏好使货币具有了时间价值。这也正是上面那个小幽默的寓意所在：货币是具有时间价值的。今天的1元钱到明年可能就不是1元钱了，通常今天1元钱的价值要多于明天的1元钱。

本杰明·富兰克林说：钱生钱，并且所生之钱会生出更多的钱。这就是货币时间价值的本质。货币的时间价值这个概念认为，目前拥有的货币比未来收到的同样金额的货币具有更大的价值。因为，目前拥有的货币可以进行投资，在目前到未来这段时间里获得复利。即使没有通货膨胀的影响，只要存在投资机会，货币的现值就一定大于它的未来价值。专家给出的定义：货币的时间价值就是指当前所持有的一定量货币比未来获得的等量货币具有更高的价值。如果从投资者角度分析，投资就是将目前的消费推迟到将来，把这1元钱用于投资而不是用于消费，投资是要求报酬的，这个报酬就是货币时间价值。当然也可以这样考虑，由于投资者消费时间向后推迟，货币的时间价值就可以理解为是对投资者牺牲当前消费的一种补偿。

投资可以获得收入、银行存款可以给储户带来利息，今天收到的 1 元钱比明天收到的 1 元钱更值钱。我们用一个简单的例子来说明。

如果您将现在的 100 元存入银行，存款利率假设为 5%，那么一年后将可得到 105 元。这 5 元就是货币的时间价值，或者说货币的时间价值是 5%。

假设一年后，我们继续把所得的 105 元按同样的利率存入银行，则又过一年后，您将获得 110.25 元。第二年的利息比第一年多出 0.25 元，这是由第一年 5 元利息创造的利息。这就是通常所说的复利计算或者利滚利。以此方式年复一年地存款，则当初的 100 元将会不断地增加，年限够长的话，到时可能是当初的几倍、几十倍。通过科学计算，如果将 100 元存入银行连续 50 年，假设每年利率维持在 5%，50 年后您将有 1146.74 元！

在现实生活中，货币的时间价值有两种计算方式：单利和复利。

单利是指在计算利息时，每一次都按照原先融资双方确认的本金计算利息，每次计算的利息并不转入下一次本金中。比如，A 借 B100 元，双方商定年利率为 5%，3 年归还，按单利计算，则 A 3 年后应收的利息为 $3 \times 100 \times 5\% = 15$ 元。

在单利计算利息时，隐含着这样的假设：每次计算的利息并不自动转为本金，而是借款人代为保存或由贷款人取走，因而不产生利息。

复利是指每一次计算出利息后,即将利息重新加入本金,从而使下一次的利息计算在上一次的本利和的基础上进行,说白了也就是利滚利。上例中,如A与B商定双方按复利计算利息,那么A3年后应得的本利和计算如下:

第1年利息:100×5%=5;

转为本金后,第2年利息(100+5)×5%=5.25;

转为本金后,第3年利息(105+5.25)×5%=5.5125;

加上本金,第3年的本利和为105+5.25+5.5125=115.7625。

从上面的例子中,我们已经看到了复利带来的巨大利润。事实上,对于财富来说,复利是最大的奇迹。假设您将1元钱投资到股票市场,每次收到的红利都进行再投资,如果每年投资能获得15%的收益率,根据科学计算,1元钱连续投资100年后的收益将近120万元!

无论是从公司还是从投资者的角度来说,财务决策的制定主要是依据不同投资选择的收益。例如,如果今天你手中有1万美元想投资,你必须决定怎样运用这笔钱来取得最大的收益。如果你用这笔钱投资,在5年后可以获得1.5万美元的收益,或者是在8年后可获得2万美元的回报,你将如何选择?为了回答这个问题,你必须决定这两项投资哪项给你带来的收益最大。

第四章 格林斯潘调节金融的『利器』
——每天懂点利率知识

利息：利息是怎样产生的

利息是金融学中一个非常重要的概念，也许每一位读者对此都不陌生，但很难保证说就对银行利息究竟说明什么、究竟是怎样产生的会有一个正确认识。总体来看，利息是借款人付给贷款人的报酬；同时它还必须具备一个前提，那就是两者之间必须存在着借贷关系。

什么是利息呢？利息是资金所有者由于向国家借出资金而取得的报酬，它来自生产者使用该笔资金发挥营运职能而形成的利润的一部分。是指货币资金在向实体经济部门注入并回流时所带来的增值额，其计算公式是：利息＝本金×利率×时间。

利息是剩余价值的特殊转化形式，它的最高水平是利润。利息作为资金的使用价格在市场经济运行中起着十分重要的作用，并影响着个人、企业和政府的行为活动。

现实生活中，贷款人把收取利息收入看作是理所当然的。在会计核算中，全球各国的会计制度都规定，借款所发生的利息支出首先要作为财务费用列入成本，只有在扣除这一部分后，剩下的部分才能作为经盈利润来看待。

刘先生在银行任职。多年来，在他的办公桌的玻璃台板下总压着一张储蓄存款利率表。凡穿西装的季节，在他西装衣袋里也总有一个票夹子，票夹子里藏着一张储蓄存款利率表。储蓄存款利率升了降，降了升，升了降，降了又降，对历年的利率变化难以记牢，所以刘先生就随处备有利率表，为的是与人方便、与己方便。

一次，一位中年妇女在储蓄柜台取款后迟迟没有离去，以为银行把她存款的利息算错了。刘先生把几次变化的利率一行一行抄给她，把利率计算的方法告诉她，她这才打消了心中的疑团。

还有一位熟人曾让刘先生帮她计算利息。说3年前向姐夫借了12000元钱，当时没有约定还款时间，也没有约定还款时加上多少利息，只想手头宽裕了，把借款和利息一次还清。刘先生就将随身带的利率表递上，并把利息计算的方法、保值贴补的时间段很明白地告诉她，由她根据自己的实际和承诺计算利息，末了她连声道谢。另外，刘先生家与亲戚家也有过几次借款关系，在还款时也是参照储蓄存款的利率还款的，双方都乐意接受，利率表起了中间人的作用。

在生活中，常常有民间借贷，有承诺的也好，无承诺的也好，还款时常要与同期的储蓄存款利息比一比。在炒股过程中，常常要把自己的股票或资金算一算，与同期的利率作比较。储蓄存款利率变了又变，涉及千家万户，千家万户要谈论储蓄存款利率。随身备有一张利率表，起到的作用还真的很大。但令人费解的是，利率为什么在不同的时期有不同的变化？这代表着什么？利率的高低又是由什么决定的？

现代经济中，利率作为资金的价格，不仅受到经济社会中许多因素的制约，而且，利率的变动对整个经济产生重大的影响。

从形式上看，利息是因借款人在一定时期使用一定数量的他人货币所支付的代价。代价越大，说明利率越高。利率的高低，成为衡量一定数量的借贷资本在一定时期内获得利息多少的尺度。那么，是利率决定利息还是利息决定利率呢？

利息出现的原因主要有以下五点：一是延迟消费，当放款人把金钱借出，就等于延迟了对消费品的消费。根据时间偏好原则，消费者会偏好现时的商品多于未来的商品。因此，在自由市场会出现正利率。二是预期的通胀，大部分经济会出现通货膨胀，代表一个数量的金钱，在未来可购买的商品会比现在较少。因此，借款人需向放款人补偿此段期间的损失。三是代替性投资，放款人有选择地把金钱放在其他投资上。由于机会成本，放款人把金钱借出，等于放弃了其他投资的可能回报。借款人需与其他投资竞争这笔资金。四是投资风险，借款人随时有破产、潜逃或欠债不还的风险，放款人需收取额外的金钱，以保证在出现这些情况后，仍可获得补偿。五是流动性偏好，人会偏好其资金或资源可随时供立即交易，而不是需要时间或金钱才可取回。利率亦是对此的一种补偿。

现实生活中，贷款人把收取利息收入看作是理所当然的。利息在国民生活中所发挥的重要作用主要表现为以下几个方面：

1. 影响企业行为的功能

利息作为企业的资金占用成本已直接影响企业经济效益水平的高低。企业为降低成本、增进效益，就要千方百计地减少资金占压量，同时在筹资过程中对各种资金筹集方式进行成本比较。

全社会的企业若将利息支出的节约作为一种普遍的行为模式,那么,经济成长的效率也肯定会提高。

2. 影响居民资产选择行为的功能

在我国居民实际收入水平不断提高、储蓄比率日益加大的条件下,出现了资产选择行为,金融工具的增多为居民的资产选择行为提供了客观基础,而利息收入则是居民资产选择行为的主要诱因。居民重视利息收入并自发地产生资产选择行为,无论对宏观经济调控还是对微观基础的重新构造都产生了不容忽视的影响。从我国目前的情况看,高储蓄率已成为我国经济的一大特征,这为经济高速增长提供了坚实的资金基础,而居民在利息收入诱因下作出的种种资产选择行为又为实现各项宏观调控作出了贡献。

3. 影响政府行为的功能

由于利息收入与全社会的赤字部门和盈余部门的经济利益息

息相关，因此，政府也能将其作为重要的经济杠杆对经济运行实施调节。例如，中央银行若采取降低利率的措施，货币就会更多地流向资本市场；当提高利率时，货币就会从资本市场流出。如果政府采用信用手段筹集资金，可以用高于银行同期限存款利率来发行国债，将民间的货币资金吸收到手中，以用于各项财政支出。

利率：使用资本的应付代价

利率，就表现形式来说，是指一定时期内利息额同借贷资本总额的比率。利率是单位货币在单位时间内的利息水平，表明利息的多少。

凯恩斯把利率看作是"使用货币的代价"。利率可以看作是因为暂时放弃货币的使用权而获得的报酬，是对放弃货币流通性的一种补偿，如果人们愿意推迟消费，则需要为人们这一行为提供额外的消费。从借款人的角度来看，利率是使用资本的单位成本，是借款人使用贷款人的货币资本而向贷款人支付的价格；从贷款人的角度来看，利率是贷款人借出货币资本所获得的报酬率。

当你去银行存钱，银行会按照存期划分的不同利率来给客户计算利息。利率的存在告诉我们，通过放弃价值1元的现期消费，能够得到多少未来消费。这正是现在与未来之间的相对价格。整体利率的多少，对于现值至关重要，必须了解现值才能了解远期的金融现值，而利率正是联系现值和终值的一座桥梁。

哪些因素会导致利率的变化？通常情况下，影响利率的因素大致有 4 种：

1. 货币政策

政府制定货币政策的目的就是促进经济稳定增长。控制货币供给和信贷规模，可以影响利率，进而调节经济增长。扩大货币供给，会导致利率下降；反之，则造成利率上升。

2. 财政政策

一个国家的财政政策对利率有较大的影响，通常而言，当财政支出大于财政收入时，政府会在公开市场上借贷，以此来弥补财政收入的不足，这将导致利率上升。而扩张性的经济政策，往往扩大对信贷的需求，投资的进一步加热又会导致利率下降。

3. 通货膨胀

通货膨胀是指在信用货币条件下，国家发行过多的货币，使过多的货币追求过少的商品，造成物价普遍上涨的一种现象。通货膨胀的成因比较复杂。因此，通货膨胀使得利率和货币供给之间的关系相对复杂。如果货币供给量的大幅增长不是通货膨胀引起的，那么利率不仅会下降，反而会上升，造成高利率的现象，以弥补货币贬值带来的损失。因此，利率水平随着通货膨胀率的上升而上升，随着通货膨胀率的下降而下降。

4. 企业需求和家庭需求

企业对于信贷的需求往往成为信贷利率变化的"晴雨表"，每当经济步入复苏和高涨之际，企业对信贷需求增加，利率水平开始上扬和高涨；而经济发展停滞时，企业对信贷的需求也随之减少，于是，利率水平转趋下跌。家庭对信贷的需求也影响到利率的变化，当需求增加时，利率上升；需求减弱时，利率便下跌。

经济学家一直在致力于寻找一套能够完全解释利率结构和变化的理论，可见利率对国民经济有着非常重要的作用。曾经有人写了这么一则场景故事：

1993年初的某一天，刚刚新任美国总统不久的克林顿就经济问题召见格林斯潘先生。

克林顿："老爷子，现在经济这么低迷，你看，下一步怎么办？"

格林斯潘："没什么，我只要挥舞一下手中的魔棒，那帮人就会推动市场。"老爷子像打哑谜一样应付这位上任不久的帅小伙子。

克林顿："真的？什么魔棒？哪些人？怎么推动市场？"总统先生显得非常着急。他从座位上站起来，手里拿着一支笔，在房间里走来走去。两眼一直望着格林斯潘。

格林斯潘："就是华尔街那帮金融大亨，我的老相识、老朋友们，他们都得听我的。"

"听你的，不听我的？"克林顿有点不服气。

"当然是听我的。不信，你瞧瞧！"格林斯潘用不容争辩的口气说。

"我对您手中的那根魔棒感兴趣，是什么东西？"

"利率。"

利率为什么具有如此魔力？因为利率是资金使用的价格，它的涨跌关系着居民、企业、政府各方的钱袋，能不让人紧张吗？

利率是经济学中一个重要的金融变量，几乎所有的金融现象、金融资产均与利率有着或多或少的联系。当前，世界各国频繁运用利率杠杆实施宏观调控，利率政策已成为各国中央银行调控货币供求，进而调控经济的主要手段，利率政策在中央银行货币政策中的地位越来越重要。合理的利率，对发挥社会信用和利率的经济杠杆作用有着重要的意义，而合理利率的计算方法是我们关心的问题。那么利率的水平是怎样确定的呢？换句话说，确定利率水平的依据是什么呢？

首先，是物价总水平。这是维护存款人利益的重要依据。利率高于同期价上涨率，就可以保证存款人的实际利息收益为正值；相反，如果利率低于物价上涨率，存款人的实际利息收益就会变成负值。因此，看利率水平的高低不仅要看名义利率的水平，更重要的是还要看是正利率还是负利率。

其次，是国有大中型企业的利息负担。长期以来，国有大中型企业生产发展的资金大部分依赖银行贷款，利率水平的变动对企业成本和利润有着直接的影响。因此，利率水平的确定必须考虑企业的承受能力。

第三，是国家财政和银行的利益。利率调整对财政收支的影响，主要是通过影响企业和银行上交财政税收的增加或减少而间接产生的。因此，在调整利率水平时，必须综合考虑国家财政的收支状况。银行是经营货币资金的特殊企业，存贷款利差是银行收入的主要来源，利率水平的确定还要保持合适的存贷款利差，以保证银行正常经营。

最后,是国家政策和社会资金供求状况。利率政策要服从国家经济政策的大方针,并体现不同时期国家政策的要求。与其他商品的价格一样,利率水平的确且也要考虑社会资金的供求状况,受资金供求规律的制约。

利率通常由国家的中央银行控制,在美国由联邦储备委员会管理。现在,所有国家都把利率作为宏观经济调控的重要工具之一。当经济过热、通货膨胀上升时,便提高利率、收紧信贷;当过热的经济和通货膨胀得到控制时,便会把利率适当地调低。因此,利率是重要的基本经济因素之一。

复利:银行存款如何跑过 CPI

根据计算方法不同,利息可以划分为单利和复利。单利是指在借贷期限内,只在原来的本金上计算利息;复利是指在借贷期限内,除了在原来本金上计算利息外,还要把本金所产生地利息重新计入本金,重复计算利息。爱因斯坦曾经这样感慨道:"复利堪称是世界第八大奇迹,其威力甚至超过原子弹。"古印度的一个传说证实了爱因斯坦的这种感慨。

古印度的舍罕王准备奖励自己的宰相西萨班达依尔,此人发明了国际象棋。舍罕王问西萨班达依尔想要什么,西萨班达依尔拿出一个小小的国际象棋棋盘,然后对国王说:"陛下,金银财宝我都不要，我只要麦子。您在这张棋盘的第1个小格里，放1粒麦子，在第2个小格里给2粒，第3个小格给4粒，以后每个小格都比前一小格多一倍。然后，您将摆满棋盘上所有64格的麦子，都赏给我就可以了！"

舍罕王看了看那个小棋盘，觉得这个要求实在太容易满足了，当场就命令了下来。

不过，当国王的奴隶们将麦子一格格开始放时，舍罕王才发现：就是把全印度甚至全世界的麦子都拿过来，也满足不了宰相的要求。

那么这个宰相要求的麦粒究竟有多少呢？有人曾计算过，按照这种方式填满整个棋盘大约需要820亿吨麦子。即使按照现在全球麦子的产量来计算，也需要550年才能满足西萨班达依尔的要求。

复利竟有如此神奇的力量，那么究竟什么是复利呢？

复利是指在每经过一个计息期后，都要将所生利息加入本金，以计算下期的利息。这样，在每一个计息期，上一个计息期的利息都将成为生息的本金，即以利生利。复利和高利贷的计算方法基本一致，它是将本金及其产生的利息一并计算，也就是人们常说的"利滚利"。

复利的计算是对本金及其产生的利息一并计算，也就是利上有利。复利计算的特点是：把上期末的本利和作为下一期的本金，在计算时每一期本金的数额是不同的。复利的计算公式是：$S=P(1+i)^n$。

复利现值是指在计算复利的情况下，要达到未来某一特定的资金金额，现在必须投入的本金。所谓复利也称利上加利，是指一笔存款或者投资获得回报之后，再连本带利进行新一轮投资的方法。复利终值是指本金在约定的期限内获得利息后，将利息加入本金再计利息，逐期滚算到约定期末的本金之和。

例如，拿10万元进行投资的话，以每年15%的收益来计算，第二年的收益并入本金就是11.5万，然后将这11.5万作为本金再次投资，等到15年之后拥有的资产就是原来的8倍也就是80万，而且这笔投资还将继续以每5年翻一番的速度急速增长。

这其实是一个按照100%复利计算递增的事例。不过在现实中，理想中100%的复利增长是很难出现的，即使是股神巴菲特的伯克希尔哈撒韦公司，在1993年到2007年的这15年里年平均回报率也仅为23.5%。不过，即使只有这样的复利增长，其结果也是惊人的。

金融领域有个著名的72法则：如果以1%的复利来计息，经过72年后，本金就会翻一番。根据这个法则，用72除以投资回报率，就能够轻易算出本金翻番所需要的时间。

比如，如果投资的平均年回报率为10%，那么只要7.2年后，本金就可以翻一番。如果投资10万元，7.2年后就变成20万元，14.4年后变成40万元，21.6年后变成80万元，28.8年后就可以达到160万元。每年10%的投资回报率，并非难事，由此可见复利的威力。

想财富增值,首先必须进行投资。根据72法则,回报率越高,复利带来的效应收益越大。而银行的存款利息过低,所以储蓄并不是增值财富的根本选择。想保持高的收益,让复利一展神奇的话,那就需要进行高回报率的投资。

从复利的增长趋势来看,时间越长,复利产生的效应也就越大。所以,如果希望得到较高的回报,就要充分利用这种效应。进行投资的时间越早,复利带来的收益越大。在条件允许的情况下,只要有了资金来源,就需要制订并开始执行投资理财的计划。

复利的原理告诉我们,只要保持稳定的常年收益率,就能够实现丰厚的利润。在进行投资的选择时,一定要注重那些有着持续稳定收益率的领域。一般情况下,年收益率在15%左右最为理想,这样的收益率既不高也不低,稳定易于实现。找到稳定收益率的领域后,只要坚持长期投资,复利会让财富迅速增值。

还要注意到,复利的收益是在连续计算的时候,才会有神奇的效应。这就要求我们在投资的时候,要防止亏损。如果一两年内,收益平平还不要紧,一旦出现严重亏损,就会前功尽弃,复利的神奇也会消失殆尽,一切又得从头开始。利用复利进行投资时,需要谨记的是:避免出现大的亏损,一切以"稳"为重。

华人世界的首富李嘉诚先生自16岁白手起家,到73岁时,57年的时间里他的资产达到了126亿美元。对于普通人来说,这是一个天文数字，李嘉诚最终却做到了。李嘉诚的成功并不是一次两次的暴利，而在于他有着持久、稳定的收益。

让李嘉诚的财富不断增值的神奇工具就是复利。复利的神奇在于资本的稳步增长，要利用复利使财富增值，就得注重资本的逐步积累。改掉随意花钱的习惯，这是普通人走向复利增值的第一步。

所以，我们要学会每天积累一些资金，现在花了1元钱，持续投资，将种子养成大树。所以说成功的关键就是端正态度，设立一个长期可行的方案持之以恒地去做，这样成功会离我们越来越近。

负利率：利息收入赶不上物价上涨

2008年11月，日本6个月期的国库券的利率为即–0.004%，投资者购买债券的价格高于其面值。这是很不寻常的事件——在过去的50年中，世界上没有任何一个其他国家出现过负利率。这种情况是如何发生的呢？

我们通常假定，利率总是为正。负利率意味着你购买债券所支付的金额低于你从这一债券所获取的收益（从贴现发行债券的到期收益中可以看出）。如果出现这样的情况，你肯定更愿意持有现金，这样未来的价值与今天是相等的。因此，负利率看上去是不可能的。

日本的情况证明这样的推理并不准确。日本经济疲软与负的通货膨胀率共同推动日本利率走低，但这两个因素并不能解释日本的负利率。答案在于，大投资者发现将这种 6 个月期国库券作为价值储藏手段比现金更为方便。因为，这些国库券的面值比较大，并且可以以电子形式保存。出于这个原因，虽然这些国库券利率为负，一些投资者仍然愿意持有，即使从货币的角度讲，持有现金更为划算。显然，国库券的便利性使得它们的利率可以略低于零。例如，一个 1000 块钱的东西一年后值 1065 块钱，但是 1000 块存在银行一年后负利率才 1038 块，还没有它升值快，存钱不赚反赔。

当物价指数（CPI）快速攀升，存银行的利率还赶不上通货膨胀率，导致银行存款利率实际为负，就成了负利率。用公式表示：负利率＝银行利率－通货膨胀率（CPI 指数）。在这种情形下，如果你只把钱存在银行里，会发现随着时间的推移，银行存款不但没有增加，购买力却逐渐降低，看起来就好像在"缩水"一样。

假如你把钱存进银行里，过一段时间后，算上利息在内没有增值，反而贬值了，这就是负利率所引发的。负利率是指利率减去通货膨胀率后为负值。当你把钱存入银行，银行会给你一个利息回报，比如某年的一年期定期存款利率是 3%。而这一年整体物价水平涨了 10%，相当于货币贬值 10%。一边是银行给你的利息回报，一边是你存在银行的钱越来越不值钱了，那么这笔存款的实际收益是多少呢？用利率（明赚）减去通货膨胀率（暗亏），得到的这个数，就是你在银行存款的实际收益。

例如，2008年的半年期定期存款利率是3.78%（整存整取），而2008年上半年的CPI同比上涨了7.9%。假设你在年初存入10000元的半年定期，存款到期后，你获得的利息额：(10000×3.78%)-(10000×3.78%)×5%=359.1元（2008年上半年征收5%的利息税）；而你的10000元贬值额=10000×7.9%=790元。790-359.1=430.9元。也就是说，你的10000元存在银行里，表面上增加了359.1元，而实际上减少了430.9元。这样，你银行存款的实际收益为-430.9元。

负利率的出现，意味着物价在上涨，而货币的购买能力却在下降。即货币在悄悄地贬值，存在银行里的钱也在悄悄地缩水。在负利率的条件下，相对于储蓄，居民更愿意把自己拥有的财产通过各种其他理财渠道进行保值和增值，如购买股票、基金、外汇、黄金等。如果银行利率不能高过通货膨胀率，存款者就会财富缩水，国家进入"负利率时代"。

虽然理论推断和现实感受都将"负利率"课题摆在了百姓面前，但有着强烈"储蓄情结"的中国老百姓仍在"坚守"储蓄阵地。银行储蓄一向被认为是最保险、最稳健的投资工具。但也必须看到，储蓄投资的最大弱势是：收益较之其他投资偏低，长期而言，储蓄的收益率难以战胜通货膨胀，也就是说，特殊时期通货膨胀会吃掉储蓄收益。因此，理财不能单纯依赖"积少成多"的储蓄途径。

负利率将会对人们的理财生活产生重大影响。以货币形式存在的财富如现金、银行存款、债券等，其实际价值将会降低，而以实物形式存在的财富如不动产、贵金属、珠宝、艺术品、股票等，将可能因为通货膨胀的因素而获得价格的快速上升。因此，我们必须积极地调整理财思路，通过行之有效的投资手段来抗击负利率。

面对负利率时代的来临，将钱放在银行里已不合时宜。对于普通居民来说，需要拓宽理财思路，选择最适合自己的理财计划，让钱生钱。抵御负利率的手段有很多：

首先，是进行投资，可以投资基金、股票、房产等，还可以购买黄金珠宝、收藏品。当然，我们必须以理性的头脑和积极的心态来进行投资，不要只看到收益，而忽视风险的存在。除了投资之外，还要开源节流，做好规划。其中首要的就是精打细算。在物价不断上涨的今天，如何用好每一分收入显得尤为重要。每月收入多少、开支多少、节余多少等，都应该做到心中有数，并在此基础上分清哪些是必要的开支、哪些是次要的、哪些是无关紧要的或可以延迟开支的。只有在对自己当前的财务状况明白清楚的情况下，才能做到有的放矢。

其次，是广开财源，不要轻易盲目跳槽，在条件允许的情况下找一些兼职，与此同时，也要不断地提升自我，增强职场与市场竞争力。

最后，就是要做好家庭的风险管理，更具体来说，就是将家庭的年收入进行财务分配，拿出其中的一部分来进行风险管理。而提及风险，就必然要提到保险，保险的保障功能可以使人自身和已有财产得到充分保护,当发生事故的家庭面临资产入不敷出的窘境时,保险金的支付可以弥补缺口,从而降低意外收支失衡对家庭产生的冲击。从这一点来说,该买的保险还是要买,不能因为省钱而有所忽视。

负利率时代的到来,对于普通老百姓尤其是热衷于储蓄的人来说是一个不得不接受的事实;而在积极理财、投资意识强的人的眼中,它却意味着赚钱时代的到来。我们只有通过科学合理的理财方式来进行个人的投资,才能以行之有效的投资手段来抵御负利率。抵御负利率的手段有很多,如减少储蓄、多消费,甚至以理性的头脑和积极的心态进行投资(如股票、房产等)。因为你的投资收益越大,抵御通货膨

胀的能力也就越强。所以，负利率不可怕，可怕的是面对负利率却无动于衷！

利息税：储蓄也要收税

刚从银行出来的王先生有点郁闷："前些天，我哥哥打算买房，让我支援一下，这不，今天我就从银行取出了一个一年期15万元存款。然而最后到手的利息只有3024元，被扣掉的利息税就有756元，这是不是太夸张了？利息已经够低的了，怎么还要扣这么多利息税？炒股红利这些都不收税，储蓄为什么要收利息税？"

王先生的疑惑也是很多存款人的疑惑，为什么在低利率的时代还要征收利息税呢？这种利息税是不是应该取消呢？

什么是利息税呢？利息税实际是指个人所得税的"利息、股息、红利所得"税目，主要指对个人在中国境内储蓄人民币、外币而取得的利息所得征收的个人所得税。对储蓄存款利息所得征收、停征或减免个人所得税（利息税）对经济具有一定的调节功能。

新中国成立以来，利息税曾三度被免征，而每一次的变革都与经济形势密切相关。1950年，我国颁布《利息所得税条例》，规定对存款利息征收所得税。但当时国家实施低工资制度，人们的收入差距也很小，因而在1959年停征了存款利息所得税。1980年通过的《个人所得税法》和1993年修订的《个人所得税法》，再次把利息所得列为征税项目。但是，针对当时个人储蓄存款数额较小、物资供应比较紧张的情况，随后对储蓄利息所得又作出免税规定。

根据1999年11月1日起开始施行的《对储蓄存款利息所得征收个人所得税的实施办法》，不论什么时间存入的储蓄存款，在1999年11月1日以后支取的，1999年11月1日起开始滋生的利息要按20%征收所得税。全国人大常委会在2007年6月27日审议了国务院关于提请审议全国人大常委会关于授权国务院可以对储蓄存款利息所得停征或者减征个人所得税的决定草案的议案，国务院决定自2007年8月15日起，将储蓄存款利息个人所得税的适用税率由现行的20%调减为5%。而到了2008年10月8日，国家宣布次日开始取消利息税。

征收利息税是一种国际惯例，几乎所有西方发达国家都将储蓄存款利息所得作为个人所得税的应税项目，多数发展中国家也都对储蓄存款利息所得征税，只是征税的办法有所差异。

美国的所得税率，一般约39%，没有专门的利息税，但无论是工资、存款利息、稿费还是炒股获利，美国纳税局都会把你的实际收入统计得清清楚楚，到时寄张账单给你，你的总收入在哪一档，你就按哪一档的税率纳税。

德国利息税为30%，但主要针对高收入人群。如果个人存款利息单身者低于6100马克，已婚者低于1.22万马克，就可在存款时填写一张表格，由银行代为申请免征利息税。

日本利息税为15%。

瑞士利息税为35％，而且对在瑞士居住的外国人的银行存款也照征不误。

韩国存款利息被算作总收入的一部分，按总收入纳税，银行每3个月计付一次利息，同时代为扣税。

瑞典凡通过资本和固定资产获得的收入，都要缴纳资本所得税，税率为30％。资本所得包括存款利息、股息、债息及房租等收入。但政府为了鼓励消费，会为那些申请了消费贷款的人提供30％的贷款利息补贴。

菲律宾利息税为20％，在菲的外国人或机构（非营利机构除外）也照此缴纳。

澳大利亚利息计入总收入，一并缴纳所得税。所得税按总收入分不同档次，税率由20％至47％不等。

当然，也有不征收利息税的国家，如埃及、巴西、阿根廷及俄罗斯等。

而关于中国是否征收利息税，向来有所争论。取消利息税基于以下理由：

一是利息税主要来源于中低收入阶层，加重了这些弱势群体的经济负担。中低收入者与高收入者相比很难找到比银行存款回报率更高的投资渠道；征收利息税使中低收入者的相对税收高于高收入者。

二是自从1999年征收利息税以来，利息税的政策目标并没有很好地实现。恢复征收利息税以来，居民储蓄存款势头不但没有放慢，反而以每年万亿元以上的速度增长。

2008年，在央行下调存贷款利率的同时，国务院作出暂停征收利息税的决定。这两个政策一道出台，特别是自1999年11月1日开征以来便一直争议不断的利息税的暂停，对老百姓究竟有啥影响呢？

我们以2008年政策的出台为界点，免征利息税可以说对老百姓的影响很小。在存款利率和利息税调整前，一个人1万元的一年期定期存款，按照调整前4.14%的存款利率，扣除5%的利息税后，一年实际可以拿到393.3元的利息收入；在下调存款利率和暂时免征利息税后，一个人1万元一年期的定期存款按照目前3.87%的利率，拿到手里的利息收入有387元，反而比政策调整前少了6.3元钱。

免征存款利息税，部分弥补了降低利率给普通百姓带来的利息收入的损失，尽管这种补偿是象征性的，但重大财经政策背后的这种"补偿民生"的思维值得肯定。毕竟在现实中，将自己财产的很大一部分放在银行存着以使今后的生活有保障的还是普通百姓。他们多数人对投资理财并不擅长，市场上也无太多投资工具可以为他们服务。因此，他们最信赖的还是存款。

利率调整：四两拨千斤的格林斯潘"魔棒"

1987年10月19日，这一天对于华尔街的投资人来说是个难忘的"黑色的星期一"。这一天的道·琼斯指数在3个小时内暴跌了22.6%，6个半小时内股票市值缩水5000多亿美元。当天，38名富豪告别了《福布斯》富豪榜，亿万富翁亚瑟·凯恩在家中饮弹自尽。第二天早上，刚任美联储主席两个月的格林斯潘下令降低联邦基金利率，随后，市场长期利率也随之下降。经过几个月的调整，华尔街的投资者们逐步获得了投资回报和信心，美国有惊无险地度过了一场经济泡沫破裂的浩劫。格林斯潘由此挥舞着"利率"这根魔棒开始了他辉煌的传奇人生。

在此后的18年里，格林斯潘改变了美国货币政策的工具，使联邦基金利率成为连接市场和政策的指示器，利率工具在他的手中就像是一根"魔棒"，引导着美国经济乃至世界经济的走势。在格林斯潘时代，美国经济保持了长达十多年的高速增长，创造了一个世纪传奇。

不少人认为，美国经济的长期增长归功于格林斯潘的利率政策。在当前我国社会经济领域里，能够撬动整个经济杠杆的倒有不少，其中运用得最多的要数存贷款利率。当国家处于"通货膨胀"时期，实行从紧货币政策时，政府部门就会调高存贷款利率。以一年期定期存款利率为例，自2007年3月18日起，在不到9个月的时间里，连续6次上调，将此前的年利率2.52%，提高至2007年12月20日的4.14%，增幅为64.3%。当国家处于"通货紧缩"时期，实行宽松货币政策时，政府调低存贷款利率。仍以一年期定期存款利率为例，自2008年9月16日起，在不到3个月的时间里，连续4次下调，将此前的年利率4.14%，猛砸至2008年12月23日的2.25%，跌幅为45.7%，达到2006年8月

19日以前的水平，或者说已经将利率降到了2002年的水平，离改革开放以来的最低点1.98%只差0.27个百分点。而且还有人说仍有下调空间，或者说有可能实行零利率。目的是十分明显的，这就是要运用利率杠杆去撬动整个社会经济。

利率控制着货币乘数的阀门。对于贷款投资者而言，利率就是资金的使用成本，利率高到一定程度，说明资金的成本太高了，厂商就不愿意贷款投资了，生产受到一定的限制；当利率降低到一定程度，投资需求就会逐渐增加；物价指数就会下降，说明经济已经开始变冷了。在资金市场里，利息率如同一个裁判，在各种投资项目面前树起一个标杆。凡是投资收益率高于利息率的项目就能成立，否则不然。这就为资源流向何处提供了调节机制。

利率对经济调控的重要作用主要表现在两个方面：一是究竟要达到什么目的？二是调整的依据何在？

从利率调整的目的来看，主要是解决以下几方面的问题：

1. 调节社会资金总供求关系

在其他条件不变的情况下，调高银行利率有助于吸引闲散资金存入银行，从而推迟社会消费品购买力的实现，减少社会总需求。与此同时，银行利率的提高也会增加企业贷款成本，抑制商品销售，减少企业盈利。

所以，当出现社会资金总需求大于总供给引发通货膨胀时，银行会采取提高利率来进行干预。调低银行利率的作用恰恰相反。

2. 优化社会产业结构

政府通过对需要扶持、优先发展的行业实行优惠利率政策，能够很好地从资金面来支持其发展；相反，对需要限制发展的行业或企业，则可以通过适当提高银行利率的方式来提高其投入成本。两者相结合，就能很好地调节社会资源，实现产业结构优化配置。

3. 调节货币供应量

当全社会的货币供应量超过需求量时会引发通货膨胀，导致物价上涨。所以，政府可以通过调整银行利率来调节货币供应量。这主要是通过提高利率来减少信贷规模、减少货币投放，来达到压缩通货膨胀、稳定物价的目的。

4. 促使企业提高经济效益

银行通过提高利率水平，会间接地迫使企业不断加强经济核算、努力降低利息负担，这在客观上提高了企业管理水平，促进了企业和全社会经济效益的提高。

如果企业做不到这一点，或者根本认识不到这一点，一旦整个企业的资金使用效益还够不上银行利息，或者贷款到期时无法正常归还贷款，就可能会被迫关门。

5. 调节居民储蓄

银行通过提高利率水平，可以吸引居民把闲余资金存入银行，减少社会货币总量，抑制通货膨胀。通过降低利率水平，可以驱使储蓄从银行转入消费领域，促进消费。

而在这个过程中，利率的调整就会对居民储蓄结构产生实质性影响，调节实物购买、股票投资比重。

6. 调节国际收支

银行通过调整利率水平，不但会在国内金融市场产生影响，还会在国际金融市场产生联动作用，调节国际收支。具体地说，如果国内利率水平高于国际水平，就会吸引国外资本向国内流动，从而导致国际收入大于国际支出。反之亦然。利率调整的目的，就是要保持国际收支基本平衡，至少是不能大起大落，否则是会影响国家金融安全的。

　　利率作为资本的价格，与普通商品一样，它的价格调整必定会受到货币供求状况影响。市场经济越成熟，资金供应状况对利率调整的影响作用就越大，利率调整对资金供应状况的调节作用也就越大。总的来看，当资金供应不足时利率水平会上升，当资金供大于求时利率水平会下降。一方面，资金供应状况会促使银行调整利率；另一方面，利率水平的调整也会改善资金供应状况，两者是相辅相成的。

　　在社会平均利润率一定的时候，利率的调整实际上就是把社会平均利润重新划分为利息、企业利润两部分，而这个比率应当尊重借贷资本供求双方的竞争性关系。因此，利率调整主要应尊重价值规律要求。如果像自然科学家那样研究出各种各样的调整模型来，即使有效，其中也会带有个人偏见的。

第五章 世界金融的构成与发展
——每天懂点金融体系知识

国际金融体系：构成国际金融活动的总框架

国际金融体系是国际货币关系的集中反映，它构成了国际金融活动的总体框架。在市场经济体制下，各国之间的货币金融交往，都要受到国际金融体系的约束。金融体系包括金融市场、金融中介、金融服务企业，以及其他用来执行居民户、企业和政府金融决策的机构。有时候特定金融工具的市场拥有特定的地理位置，如纽约证券交易所和大阪期权与期货交易所就是分别坐落于美国纽约和日本大阪的金融机构。然而，金融市场经常没有一个特定的场所，股票、债券及货币的柜台交易市场——或者场外交易市场的情形就是这样，它们本质上是连接证券经纪人及其客户的全球化计算机通信网络。

金融中介被定义为主要业务是提供金融服务和金融产品的企业。它们包括银行、投资公司和保险公司。其产品包括支票账户、商业贷款、抵押、共同基金及一系列各种各样的保险合同。

就范围而言，当今的金融体系是全球化的。金融市场和金融中介通过一个巨型国际通信网络相连接。因此，支付转移和证券交易几乎可以24小时不间断地进行。举个例子：

如果一家基地位于德国的大型公司希望为一项重要的新项目融资，那么它将考虑一系列国际融资的可能性，包括发行股票并将其在纽约证券交易所或伦敦证券交易所出售，或是从一项日本退休基金那里借入资金。如果它选择从日本退休基金那里借入资金，这笔贷款可能会以欧元、日元甚至美元计价。

1. 国际金融体系的主要内容

（1）国际收支及其调节机制。即有效地帮助与促进国际收支出现严重失衡的国家通过各种措施进行调节，使其在国际范围内能公平地承担国际收支调节的责任和义务。

（2）汇率制度的安排。由于汇率变动可直接地影响到各国之间经济利益的再分配，因此，形成一种较为稳定的、为各国共同遵守的国际间汇率安排，成为国际金融体系所要解决的核心问题。一国货币与其他货币之间的汇率如何决定与维持，一国货币能否成为自由兑换货币；是采取固定汇率制度，还是采

取浮动汇率制度，或是采取其他汇率制度等，都是国际金融体系的主要内容。

（3）国际储备资产的选择与确定。即采用什么货币作为国际间的支付货币；在一个特定时期中心储备货币如何确定，以维护整个储备体系的运行；世界各国的储备资产又如何选择，以满足各种经济交易的要求。

（4）国际间金融事务的协调与管理。各国实行的金融货币政策，会对相互交往的国家乃至整个世界经济产生影响。因此，如何协调各国与国际金融活动有关的金融货币政策，通过国际金融机构制定若干为各成员国所认同与遵守的规则、惯例和制度，也构成了国际金融体系的重要内容。国际金融体系自形成以来，经历了金本位制度、布雷顿森林体系和现行的浮动汇率制度。

2. 金融体系的重要作用

金融体系包括金融市场和金融机构。金融市场和人们常见的市场一样，在那里人们买卖各种产品，并讨价还价。金融市场可能是非正式的，如社区的跳蚤市场；也可能是高度组织化和结构化的，如伦敦或者苏黎世的黄金市场。金融市场和其他市场的唯一区别在于，在这个市场上，买卖的是股票、债券和期货合约等金融工具而不是锅碗瓢盆。最后，金融市场涉及的交易额可能很大，可能是风险巨大的投资交易。当然，一笔投资的回报可能让你赢得盆满钵满，也可能让你输得一贫如洗。由于金融市场具有较高的价格挥发性，如股票市场，因此，金融市场的消息很值钱。

金融机构也是金融体系的一部分，和金融市场一样，金融机构也能起到将资金从储蓄者转移到借款者的作用。然而，金融机构是通过销售金融债权获取资金并用这些资金购买公司、个人和政府的金融债权来为他们融资的。金融机构包括：商业银行、信用社、人寿保险公司以及信贷公司，它们有一个特殊的名字：金融中介机构。金融机构控制着整个世界的金融事务，为消费者和小企业提供各种服务。尽管金融机构不像金融市场那样受到媒体关注，但它却是比证券市场更重要的融资来源地。这一现象不仅在美国如此，在世界其他工业化国家亦是如此。

国际金融机构：为国际金融提供便利

第二次世界大战后建立了布雷顿森林国际货币体系，并相应地建立了几个全球性国际金融机构，作为实施这一国际货币体系的组织机构，它们也是目前最重要的全球性国际金融机构，即国际货币基金组织，简称世界银行的国际复兴开发银行、国际开发协会和国际金融公司。

适应世界经济发展的需要，曾先后出现各种进行国际金融业务的政府间国际金融机构，国际金融机构的发端可以追溯到1930年5月在瑞士巴塞尔成立的国际清算银行。它是由英国、法国、意大利、德国、比利时、日本的中央银行和代表美国银行界的摩根保证信托投资公司、纽约花旗银行和芝加哥花旗银行共同组成的，其目的就是处理第一次世界大战后德国赔款的支付和解决德国国际清算问题。此后，其宗旨改为促进各国中央银行间的合作，为国际金融往来提供额外便利，以及接受委托或作为代理人办理国际清算业务等。该行建立时只有7个成员国，现已发展到45个成员国和地区。

从1957年到20世纪70年代，欧洲、亚洲、非洲、拉丁美洲、中东等地区的国家为发展本地区经济的需要，同时也是为抵制美国对国际金融事务的控制，通过互助合作方式，先后建立起区域性的国际金融机构，如泛美开发银行、亚洲开发银行、非洲开发银行和阿拉伯货币基金组织，等等。

国际金融机构是指从事国际金融管理和国际金融活动的超国家性质的组织机构，能够在重大的国际经济金融事件中协调各国的行动；提供短期资金缓解国际收支逆差稳定汇率；提供长期资金促进各国经济发展。按范围可分为全球性国际金融机构和区域性国际金融机构。

国际金融机构在发展世界经济和区域经济方面发挥了积极作用。不过，这些机构的领导权大都被西方发达国家控制，发展中国家的呼声和建议往往得不到应有的重视和反映。

1. 国际开发协会

国际开发协会是专门对较穷的发展中国家发放条件优惠的长期贷款的金融机构。成立协会的建议是1957年提出的，正式成立于1960年9月。

国际开发协会的组织机构与世界银行相同。其资金来源主要有：（1）会员国认缴的股本；（2）工业发达国家会员国提供的补充资金；（3）世界银行从净收益中拨给协会的资金；（4）协会业务经营的净收益。

协会的贷款条件是：1972年按人口平均国民生产总值不到375美元的发展中国家的政府或企业。贷款不收利息，只收0.75%的手续费，贷款期限50年。至1988年财政年度，协会提供信贷资金总额为508.91亿美元。

近年来，我国与国际开发协会的业务往来日益增多，至1995年6月末，我国共利用协会贷款100.61亿美元。

2. 国际金融公司

国际金融公司建立于1956年7月。申请加入国际金融公司的国家必须是世界银行的会员国。国际金融公司的组织机构和管理方式与世界银行相同。

国际金融公司的主要任务是对属于发展中国家的会员国中私人企业的新建、改建和扩建等提供资金，促进外国私人资本在发展中国家的投资，促进发展中国家资本市场的发展。其资金来源主要是会员国认缴的股本、借入资金和营业收入。

国际金融公司提供贷款的期限为7—15年，贷款利率接近于市场利率，但比市场利率低，贷款无须政府担保。

3. 亚洲开发银行

1966年在东京成立，同年12月开始营业，行址设在菲律宾的首都马尼拉。成立初期有34个国家参加，1988年增加到47个，其中亚太地区32个，西欧和北美15个。其管理机构由理事会、执行董事会和行长组成。

亚洲开发银行的宗旨是通过发放贷款和进行投资、技术援助，促进本地区的经济发展与合作。其主要业务是向亚太地区加盟银行的成员国和地区的政府及其所属机构、境内公私企业，以及与发展本地区有关的国际性或地区性组织提供贷款。贷款分为普通贷款和特别基金贷款两种。前者贷款期为12～25年，利率随金融市场的变化调整；后者贷款期为25～30年，利率为1%～3%，属长期低利优惠贷款。

亚洲开发银行的资金来源主要是加入银行的国家和地区认缴的股本、借款和发行债券，以及某些国家的捐赠款和由营业收入所积累的资本。

我国在亚洲开发银行的合法席位于1986年恢复。1988年末我国在亚行认缴股本16.17亿美元，为亚行第三大认股国。至1996年12月末，已获亚行贷款项目59个，总额达63.8亿美元；此外还接受亚行提供的无偿技术援助237项，金额1.036亿美元。

4. 非洲开发银行

非洲开发银行于1963年9月成立，1966年7月开始营业，行址设在科特迪瓦的首都阿比让。我国于1985年5月加入非洲开发银行，成为正式成员国。

非洲开发银行的宗旨是：为成员国经济和社会发展服务，提供资金支持；协助非洲大陆制定发展的总体规划，协调各国的发展计划，以期达到非洲经济一体化的目标。其主要业务是向成员国提供普通贷款和特别贷款。特别贷款条件优惠，期限长，最长可达 50 年，贷款不计利息。非洲开发银行的资金主要是成员国认缴的股本。为解决贷款资金的需要，它还先后设立了几个合办机构：非洲开发基金、尼日利亚信托基金、非洲投资开发国际金融公司和非洲再保险公司。

国际金融中心：冒险者的天堂

国际金融中心就是指能够提供最便捷的国际融资服务、最有效的国际支付清算系统、最活跃的国际金融交易场所的城市。

金融市场齐全、服务业高度密集、对周边地区甚至全球具有辐射影响力是国际金融中心的基本特征。目前，公认的全球性国际金融中心是伦敦、纽约。除此之外，世界上还存在着许多区域性的国际金融中心，如欧洲的法兰克福、苏黎世、巴黎，亚洲的香港、上海，新加坡，东京等。

1. 法兰克福金融中心

法兰克福作为世界著名金融中心，全世界十大银行中有九家、五十大银行中有四十六家在此地立足，有五十多个国家的二百家外国银行在这里设立分行或办事处，其中包括中国银行。德国的三大商业银行，即德意志银行、德雷斯顿银行和商业银行的总部全都设在此地。此外还有三百四十多家银行，共三万三千多人在这里从事银行业。但最引人注目的还是法兰克福证券交易所，这是仅次于纽约和东京的交易所，有六千九百种各国证券及股票在这里上市和交易。交易所设在建于1879年的古典风格的大楼里，游客可在楼上观看交易活动。交易厅的一面墙壁上，是九十平方米大小的显示荧幕，由电脑控制，各大企业的股票价格清晰可见，是德国经济的"晴雨表"。最特别的自然是证券交易所门前空地的牛雕像和熊雕像，分别代表股市的牛市和熊市。

2. 苏黎世金融市场

苏黎世金融市场是另一个重要的国际金融市场，瑞士的苏黎世金融市场和伦敦金融市场、纽约金融市场构成世界著名的三大国际金融市场。瑞士原本是一个传统的债权国，其中央银行（瑞士国家银行）设在苏黎世，其作为国际金融中心具备许多有利的条件：瑞士从1815年起成为永久中立国，没有受到历次战争的破坏，瑞士法郎又长期保持自由兑换。因此，在国际局势紧张时期，瑞士成为别国游资的避难场所，黄金、外汇交易十分兴隆。它对资本输出没有什么限制；具备国际游资分配中心的作用；它保护私人财产，允许资本自由移动；瑞士的政治、经济稳定，有连续性；瑞士法郎是世界上比较稳定的货币之一；"二战"后欧洲经济的恢复和发展促进了苏黎世金融市场的发展。

3. 中国香港国际金融中心

中国香港国际金融中心，金融机构和市场紧密联系，政府的政策是维护和发展完善的法律架构、监管制度、基础设施及行政体制，为参与市场的人士提供公平的竞争环境，维持金融及货币体系稳定，使香港能有效地与其他主要金融中心竞争。香港地理环境优越，是连接北美洲与欧洲时差的桥梁，与亚洲和其他东南亚经济体系联系紧密，又与世界各地建立了良好的通信网络。因此能够成为重要的国际金融中心。资金可以自由流入和流出本港，也是一项重要的因素。香港金融市场的特色是资金流动性高。市场根据有效、透明度而又符合国际标准的规例运作。香港的工作人口有一定教育水平，海外专业人士来港工作也十分容易，进一步推动了金融市场的发展。

4. 新加坡国际金融中心

新加坡是一个面积很小的岛国，1965年才取得独立。新加坡自然资源缺乏，国内市场狭小，这对一个国家的经济发展是不利因素。但新加坡也存在许多优势。首先，新加坡的地理位置优越，而且基础设施比较发达，使得它成为东南亚的重要贸易中心和港口，也为金融业的发展奠定了基础；其次，英语在新加坡广泛使用，而英语是国际金融业中通用的语言，这就为新加坡金融业的发展提供了有利条件。到20世纪70年代初，新加坡已经发展成为亚太地区金融业最发达的国家，成为亚洲美元市场的中心。通过新加坡的金融市场，地区外的资金得以被吸收到东南亚地区，为本地区的经济发展筹集了急需的资金。对新加坡自身而言，金融业的发展促进了经济发展，而经济发展又为金融的进一步深化提供了动力。

作为国际金融市场的枢纽，国际金融中心为世界经济的发展作出了巨大贡献。同时国际金融中心的发展也给当地经济带来显著的收益。全球性金融中心、地区性金融中心和大批离岸金融市场构成了全球性的金融网络，使各国的经济和金融活动紧密地联系在一起。24小时不间断运行的外汇市场提供了货币交易的国际机制，而这种货币交易是跨国经济活动的重要基础。日益证券化的国际资本市场使发达国家的资本供给和发展中国家的投资机会得以连接，形成了资本有效配置的国际机制。在国际金融活动中，制度、政策和货币的障碍越来越小，有力地推动了经济全球化进程。

世界金融组织：谁在负责处理我们的钱

当代国际金融的一大特点是，国际金融组织相继出现，并且在全球化经济发展中起着越来越重要的作用。所以，我们简单了解一些全球性金融组织概况也是很有必要的。

关于全球性金融组织，可以主要关注以下几个：

1. 世界银行集团

之所以称之为集团，是指这不仅仅是一家银行，它实际上包括国际复兴开发银行、国际开发协会、国际金融公司、解决投资争端国际中心、多边投资担保机构等一系列组织。

成立世界银行集团的目的，最早是为了给西欧国家战后复兴提供资金援助，1948年后转变为帮助发展中国家提高生产力、促进社会进步和经济发展、改善和提高人民生活水平。世界银行集团的主要业务机构有以下三个：

（1）国际复兴开发银行

国际复兴开发银行简称世界银行，是与国际货币基金组织同时成立的另一个国际金融机构，也是联合国的一个专门机构。

国际复兴开发银行成立于1945年12月，1946年6月25日正式开始营业。当时以美国为代表的许多国家认为，为了在第二次世界大战结束后能够尽快恢复受战争破坏的各国经济、开发发展中国家经济，有必要成立这样一个国际性金融组织，利用其自有资金和组织私人资本，为生产性项目提供贷款或投资。

所以，《国际复兴开发银行协定》规定，它的宗旨是：对生产性投资提供便利，协助成员国的经济复兴及生产和资源开发；促进私人对外贷款和投资；鼓励国际投资，开发成员国的生产资源，促进国际贸易长期均衡发展，维持国际收支平衡；配合国际信贷，提供信贷保证。

（2）国际开发协会

国际开发协会成立于20世纪50年代。当时的背景是亚洲、非洲、拉丁美洲地区的发展中国家经济十分落后，外债负担沉重，自有资金严重不足，迫切需要获得大量外来资金摆脱困境，发展经济。可与此同时，国际货币基金组织、国际复兴开发银行的贷款门槛高，贷款数量又有限，无法满足上述国家免息低息、数量庞大的贷款需求。

在这种情况下，1958年美国提议建立一个能为上述国家提供优惠贷款的开发性国际金融机构。1960年，世界银行集团正式成立国际开发协会并开始营业，总部设在美国首都华盛顿。

国际开发协会的宗旨是：向符合条件的低收入国家提供长期优惠贷款，帮助这些国家加速经济发展，提高劳动生产率，改善人民生活水平。国际开发协会与国际复兴开发银行虽然在法律地位、财务上相互独立，可是在组织机构上却是中国人熟悉的"两块牌子、一套人马"。

（3）国际金融公司

《国际复兴开发银行协定》规定，世界银行的贷款对象只能是成员国政府，如果对私营企业贷款必须由政府出面担保；而且，世界银行只能经营贷款业务，不能参与股份投资，也不能为成员国私营企业提供其他有风险的贷款业务。这样一来，就在很大程度上限制了世界银行的业务范围，不利于发展中国家发展民族经济。

为了弥补这一缺陷，1956年世界银行集团成立了国际金融公司，主要是为成员国的私营企业提供国际贷款。

国际金融公司的宗旨是：为发展中国家的私营企业提供没有政府机构担保的各种投资；促进外国私人资本在发展中国家的投资；促进发展中国家资本市场的发展。

2. 国际清算银行

国际清算银行是西方主要国家中央银行共同创办的国际金融机构，具体指美国的几家银行集团与英国、法国、德国、意大利、比利时、日本等国家的中央银行在1930年共同出资创办的，总部设在瑞士巴塞尔，享有国际法人资格及外交特权和豁免权，并且不需要纳税。

成立国际清算银行，最早的目的是处理第一次世界大战后德国对协约国赔偿的支付及处理同德国赔款的"杨格计划"的相关业务。后来则转变为促进各国中央银行之间的合作，为国际金融业务提供便利条件，作为国际清算的代理人或受托人。

说得更明确一点就是，最早美国是要利用这个机构来掌握德国的财政，并且把欧洲债务国偿还美国的债务问题置于美国监督之下。1944 年布雷顿森林会议后，国际清算银行的使命实际上已经完成了，是应当解散的，但美国仍然把它保留了下来，并作为国际货币基金组织和世界银行的附属机构。国际清算银行不是政府之间的金融决策机构，它实际上相当于西方国家中央银行的银行。

中国于 1984 年与国际清算银行建立业务联系，办理外汇与黄金业务；派员参加国际清算银行股东大会，以观察员身份参加年会。国际清算银行从 1985 年起开始对中国提供贷款，并于 1996 年接纳中国、中国香港及巴西、印度、俄罗斯等加入该组织。

国际清算银行的服务对象是各国中央银行、国际组织（如国际海事组织、国际电信联盟、世界气象组织、世界卫生组织）等，不办理个人业务。目前，全球各国的外汇储备约有 1/10 存放在国际清算银行。这样做的好处是：外汇种类可以自由转换；免费储备黄金，并且可以用它作抵押取得 85% 的现汇贷款；可以随时提取，不需要说明任何理由。

世界银行：条件苛刻的世界贷款银行

世界银行集团是一家国际金融组织，总部设在美国首都华盛顿，但国际金融组织不仅仅是世界银行集团一家。除了世界银行集团外，还有国际货币基金组织、国际开发协会、国际金融公司、亚洲开发银行等。其中，国际开发协会、国际金融公司是世界银行集团的附属机构。平常所说的世界银行，一般是指世界银行集团下的国际复兴开发银行。

受金融危机的影响，非洲食品和燃油价格上涨，同时引发了货币贬值和证券价格的下跌。世界银行2009年公布，将向受金融危机影响的非洲国家提供770亿美元的援助，以帮助这些国家减轻由金融危机带来的负面影响。2009年12月6日，巴勒斯坦与世界银行和其他援助方签署了6400万美元的援助协议，以推进巴勒斯坦建国步伐。

中国是世界银行的创始国之一，1980年5月15日，中国在世界银行和所属国际开发协会及国际金融公司的合法席位得到恢复。1980年9月3日，该行理事会通过投票，同意将中国在该行的股份从原7500股增加到12000股。我国在世界银行有投票权。在世界银行的执行董事会中，我国单独派有一名董事。我国从1981年起开始向该行借款，此后，我国与世界银行的合作逐步展开、扩大。世界银行通过提供期限较长的项目贷款，推动了我国交通运输、行业改造、能源、农业等国家重点建设，以及金融、文卫、环保等事业的发展。同时，还通过本身的培训机构，为我国培训了大批了解世界银行业务、熟悉专业知识的管理人才。

世界银行集团目前由国际复兴开发银行（即世界银行）、国际开发协会、国际金融公司、多边投资担保机构和解决投资争端国际中心五个成员机构组成。这五个机构分别侧重于不同的发展领域，但都运用其各自的比较优势，协力实现其共同的最终目标，即减轻贫困。

通过向国际金融市场借款、发行债券和收取贷款利息，以及各成员国缴纳的股金三种渠道，世界银行获得资金来源。

在通过对生产事业的投资，协助成员国经济的复兴与建设，鼓励不发达国家对资源的开发方面，世界银行仍然发挥着不可小觑的作用。另外，世界银行通过担保或参加私人贷款及其他私人投资的方式，促进私人对外投资。规定当成员国不能在合理条件下获得私人资本时，可运用该行自有资本或筹集的资金来补充私人投资的不足，并与其他方面的国际贷款配合，鼓励国际投资，协助成员国提高生产能力，促进成员国国际贸易的平衡发展和国际收支状况的改善，对经济的复兴和发展起到了重要的作用。

总结来看，世界银行提供的贷款具有以下几点特征：

第一，贷款期限较长。按借款国人均国民生产总值，将借款国分为4组，每组期限不一。第一组为15年，第二组为17年，第三、四组为最贫穷的成员国，期限为20年。贷款宽限期3—5年。

第二，贷款利率参照资本市场利率而定，一般低于市场利率，现采用浮动利率计息，每半年调整一次。

第三，借款国要承担汇率变动的风险。

第四，贷款必须如期归还，不得拖欠或改变还款日期。

第五，贷款手续严密，从提出项目、选定、评定，到取得贷款，一般要用 1 年半到 2 年时间。

第六，贷款主要向成员国政府发放，且与特定的工程和项目相联系。

世界银行的工作经常受到非政府组织和学者的严厉批评，有时世界银行自己内部的审查也对其某些决定质疑。往往世界银行被指责为美国或西方国家施行有利于它们自己的经济政策的执行者。此外，往往过快、不正确的、按错误的顺序引入的或在不适合的环境下进行的市场经济改革对发展中国家的经济反而造成破

坏。世界银行的真正掌控者是世界银行巨头，他们最终的目的是追逐利润，现在的状况可以说是一个妥协的结果。

今天世界银行的主要帮助对象是发展中国家，帮助它们建设教育、农业和工业设施。它向成员国提供优惠贷款，同时世界银行向受贷国提出一定的要求，比如减少贪污或建立民主等。世界银行与国际货币基金组织和世界贸易组织一道，成为国际经济体制中最重要的三大支柱。

世界贸易的协调者：WTO

世界贸易组织（WTO）是一个独立于联合国的永久性国际组织。1995年1月1日正式开始运作，负责管理世界经济和贸易秩序，总部设在瑞士日内瓦。世贸组织是具有法人地位的国际组织，在调解成员争端方面具有很高的权威性。它的前身是1947年订立的关税及贸易总协定。与关贸总协定相比，世贸组织涵盖货物贸易、服务贸易及知识产权贸易，而关贸总协定只适用于商品货物贸易。世界贸易组织是多边贸易体制的法律基础和组织基础，是众多贸易协定的管理者，是各成员贸易立法的监督者，是就贸易进行谈判和解决争端的场所。是当代最重要的国际经济组织之一，其成员间的贸易额占世界贸易额的绝大多数，被称为"经济联合国"。

世贸组织成员分四类：发达成员、发展中成员、转轨经济体成员和最不发达成员。到2011年为止，世贸组织正式成员已经达到156个。

世界贸易组织主要有以下几方面的基本职能：管理和执行共同构成世贸组织的多边及诸边贸易协定；作为多边贸易谈判的讲坛；寻求解决贸易争端；世界贸易组织总部监督各成员国贸易政策，并与其他同制定全球经济政策有关的国际机构进行合作。世贸组织的目标是建立一个完整的、更具有活力的和永久性的多边贸易体制。与关贸总协定相比，世贸组织管辖的范围除传统的和乌拉圭回合确定的货物贸易外，还包括长期游离于关贸总协定外的知识产权、投资措施和非货物贸易（服务贸易）等领域。世贸组织具有法人地位，它在调解成员争端方面具有更高的权威性和有效性。

世界贸易组织的一个重要原则就是互惠原则。尽管在关贸总协定及世贸组织的协定、协议中没有十分明确地规定"互惠贸易原则"，但在实践中，只有平等互惠互利的减让安排才可能在成员间达成协议。世贸组织的互惠原则主要通过以下几种形式体现：

一是通过举行多边贸易谈判进行关税或非关税措施的削减，对等地向其他成员开放本国市场，以获得本国产品或服务进入其他成员市场的机会，即所谓"投之以桃，报之以李"。

二是当一国或地区申请加入世贸组织时，由于新成员可以享有所有老成员过去已达成的开放市场的优惠待遇，老成员就会一致地要求新成员必须按照世贸组织现行协定、协议的规定缴纳"入门费"——开放申请方商品或服务市场。

三是互惠贸易是多边贸易谈判及一成员贸易自由化过程中与其他成员实现经贸合作的主要工具。关贸总协定及世贸组织的历史充分说明，多边贸易自由化给某一成员带来的利益要远大于一个国家自身单方面实行贸易自由化的利益。因为，一国单方面自主决定进行关税、非关税的货物贸易自由化及服务市场开放时，所获得的利益主要取决于其他贸易伙伴对这种自由化改革的反应，如果反应是良好的，即对等地也给予减让，则获得的利益就大；反之，则较小。相反，在世贸组织体制下，由于一成员的贸易自由化是在获得现有成员开放市场承诺范围内进行的，自然这种贸易自由化改革带来的实际利益有世贸组织机制作保障，而不像单边或双边贸易自由化利益那么不确定。因此，多边贸易自由化要优于单边贸易自由化，尤其像中国这样的发展中大国。

因为世界贸易组织促进世界范围的贸易自由化和经济全球化，通过关税与贸易协定使全世界的关税水平大幅度下降，极大地促进了世界范围的贸易自由化。此外，世界贸易组织还在农业、纺织品贸易、安全保障措施、反倾销与反补贴、投资、服务贸易、知识产权，以及运作机制等方面都作出有利于贸易发展的规定。这些协定和协议都将改善世贸自由化和全球经济一体化，使世界性的分工向广化与深化发展，为国际贸易的发展奠定稳定的基础，使对外贸易在各国经济发展中的作用更为重要。

世界贸易组织追求自由贸易，但不是纯粹的自由贸易组织，它倡导的是"开放、公平和无扭曲竞争"的贸易政策。世界贸易组织是"经济联合国"，它所制定的规则已成为当今重要的国际经贸惯例，如果一个国家被排斥在世界贸易组织之外，就难以在平等的条件下进行国际间产品和服务交流，而且还要受到歧视待遇。中国自 2001

年底加入世界贸易组织后，经济与贸易发展极为迅速。

世界贸易组织的所有成员方都可以取得稳定的最惠国待遇和自由贸易带来的优惠，自加入世贸组织以来，我国的出口连年上新台阶。当然，出口扩大了，可增加先进技术的进口，使我国在科技上更快跟上世界产业发展的潮流。

自加入世贸组织以来，带动了我国国民经济的快速发展，一定程度上解决了就业难的问题。同时，有利于提高人民生活水平，"入世"后关税降低了，中国老百姓可以同等的货币，购买更优质产品。

此外，加入世贸组织促进了我国对外服务贸易的发展。我国的服务贸易严重落后，只占世界服务贸易总量的1%。我国的人口众多，资源有限，所以一定要发展服务贸易，包括银行、保险、运输、旅游等方面的引进和出口。

加入世界贸易组织，意味着中国可以参与制定国际经济贸易规则，这样可以提高中国在国际社会的地位，增加发言权。目前，西方国家对中国产品反倾销调查现象很严重，中国可以利用世界贸易组织的争端解决机制，使这一问题公平合理地得到解决，提高中国产品在国际市场上的声望。

当然，加入世贸组织对我国的弱势产业也是一个严峻的挑战。随着市场的进一步扩大，关税的大幅度减让，外国产品、服务和投资有可能更多地进入中国市场，国内一些产品、企业和产业免不了面临更加激烈的竞争。

实践已经证明，世界贸易组织为中国提供了宽广的舞台。

第六章 雾里看花的金融市场
——每天懂点金融市场知识

股市

金融市场：走进财富的游乐场

曾经有一个非常贫穷的皮匠，他所拥有的皮革只够做一双靴子。一天半夜里，当他熟睡后，两个好心的小精灵替他做了一双漂亮的靴子。皮匠醒来看到新靴子后很高兴，而当他把靴子出售后，惊奇地发现所赚到的钱足够用来购买制作两双靴子所需要的皮革。第二天夜里，两个小精灵又替他做了两双靴子。以后的事大家很容易就可以猜到了：皮匠可以用来出售的靴子越来越多，出售靴子换来的钱可以买到的皮革也越来越多，然后他发了财。

我们可以为这个故事构想一个新的结局：如果两个小精灵继续它们惊人的生产速度，那么，到了第四十天，它们制造出来的靴子将会多到地球上所有的男人、女人和孩子平均每人可以拥有200双。从这个角度出发，我们应该庆幸那两个小精灵没有存在于现实当中，否则它们生产靴子的行为将破坏市场的平衡，扰乱货币流通，并最终会耗尽地球的资源。

在皮匠的故事中，他所面临的问题既不是人们不想买他的靴子，也不是靴子的价格过低，而是他需要更多的资本去购买更多的皮革，从而生产出更多的靴子。换句话来讲，这就叫作"钱生钱"。所有的生意都离不开资本，离不开市场。而在"钱生钱"的过程中，金融市场是必不可少的，它正逐渐成为我们生活中重要的组成部分。对金融市场这个名词或许大家已经非常熟悉,可是这并不代表你真正了解金融市场。

金融市场是指资金供应者和资金需求者双方通过信用工具进行交易而融通资金的市场,广而言之,是实现货币借贷和资金融通、办理各种票据和有价证券交易活动的市场。金融市场是交易金融资产并确定金融资产价格的一种机制。金融市场又称资金市场,包括货币市场和资本市场,是资金融通市场。所谓资金融通,是指在经济运行过程中,资金供求双方运用各种金融工具调节资金盈余的活动,是所有金融交易活动的总称。在金融市场上交易的是各种金融工具,如股票、债券、储蓄存单等。

金融市场上资金的运动具有一定规律性,由于资金余缺调剂的需要,资金总是从多余的地区和部门流向短缺的地区和部门。金融市场的资金运动起因于社会资金的供求关系,最基本的金融工具和货币资金的形成,是由银行取得(购入)企业借据而向企业发放贷款而形成的。银行及其他金融机构作为中间人,既代表了贷者的集中,又代表了借者的集中,对存款者是债务人,对借款者是债权人。因而,它所进行的融资是间接融资。当银行创造出大量派生存款之后,为其他信用工具的创造和流通建立了前提。当各种金融工具涌现,多种投融资形式的形成,金融工具的流通轨迹就变得错综复杂,它可以像货币一样多次媒介货币资金运动,资金的交易不只是一次就完成,金融市场已形成了一个相对独立的市场。

在市场经济条件下,各种市场在资源配置中发挥着基础性作用,这些市场共同组成一个完整、统一且相互联系的有机体系。金融市场是统一市场体系的一个重要部分,属于要素市场。它与消费品市场、生产资料市场、劳动力市场、技术市场、信息市场、房地产市场、旅游服务市场等各类市场相互联系、相互依存,共同形成统一市场的有机整体。在整个市场体系中,金融市场是最基本的组成部分之一,是联系其他市场的纽带,对一国经济的发展具有多方面功能。主要体现在以下几个方面:

1. 资金"蓄水池"

金融市场在把分散资金汇聚起来投入社会再生产、调剂国民经济各部门及各部门内部资金、提高利用率方面功不可没。

2. 经济发展的"润滑剂"

金融市场有利于促进地区间的资金协作,有利于开展资金融通方面的竞争,提高资金使用效益。目前,我国银行对个人信用的判断标准还比较粗放,尚未达到精细化要求。

3. 资源优化配置和分散风险

金融市场优化资源配置、分散金融风险,主要是通过调整利率、调整各种证券组合方式,以及市场竞争来实现的。

企业经济效益好、有发展前途,才能贷到款、按时归还贷款;善于利用各种证券组合方式,以及对冲交易、套期保值交易等手段,才能更好地提高资金安全性和盈利性,规避和分散风险。

4. 调节宏观经济

金融市场对宏观经济具有直接调节作用。通过银行放贷前的仔细审查，最终只有符合市场需要、效益高的投资对象才能获得资金支持。大家都这样做，整个宏观经济面就会得到改善。

金融市场也会为政府对宏观经济的管理起到间接调节作用，这主要反映在政府相关部门通过收集、分析金融市场信息作为决策依据上。

5. 国民经济的"晴雨表"

金融市场是公认的国民经济信号系统，主要表现在：股票、债券、基金市场的每天交易行情变化，能够为投资者判断投资机会提供信息；金融交易会直接、间接地反映货币供应量的变动情况；金融市场上每天有大量专业人员从事信息情报研究分析，及时了解上市公司发展动态；金融市场发达的通信网络和信息传播渠道，能够把全球金融市场融为一体，及时了解世界经济发展变化行情。

货币市场：一手交钱，另外一只手也交钱

一个商业公司有暂时过剩的现金。这家公司可以把这些钱安全地投入货币市场1—30天，或者如果需要可以投入更长的时间，赚取市场利率，而不是让资金闲置在一个无息活期存款账户里。另一种情况是，如果一家银行在联邦账户上暂时缺少储量，它可以到货币市场上购买另一机构的联邦基金，来增加

联邦储备账户隔夜数额，满足其临时储备需要。这里的关键想法是，参与者在这些市场调节其流动性——他们借出闲置资金或借用短期贷款。

货币市场是一个市场的汇集，每个交易都使用明显不同的金融工具。货币市场没有正式的组织，货币市场的活动中心是经销商和经纪人，他们擅长一种或多种货币市场工具。经销商根据自己的情况购买证券，当一笔交易发生时，出售他们的库存证券，交易都是通过电话完成的，尤其是在二级市场上。

货币市场也有别于其他金融市场，因为它们是批发市场，参与大型的交易。尽管一些较小的交易也可能发生，多数是100万美元或更多。由于非个人的、竞争的性质，货币市场交易是所谓的公开市场交易，没有确定的客户关系。比如说，一家银行从一些经纪人那里寻找投标来交易联邦基金，以最高价出售并以最低价买进。但是，不是所有的货币市场交易都像联邦基金市场一样开放。例如，即使银行没有以当前的利率积极地寻找资金，货币市场的银行通常给经销商"融资"，这些经销商是银行的好顾客。因为，他们出售他们的可转让存单。因此，在货币市场上，我们找到了一些"赠送"，不是这么多形式的价格优惠，而是以通融资金的形式。

1. 货币市场活动的目的

主要是保持资金流动性，以便能随时随地获得现实的货币用于正常周转。换句话说，它一方面要能满足对资金使用的短期需求，另一方面也要为短期闲置资金寻找出路。

2. 货币市场的几个基本特征

（1）期限较短。货币市场期限最长为1年，最短为1天、半天，以3—6个月者居多。

（2）流动性强。货币市场的流动性主要是指金融工具的变现能力。

（3）短期融资。货币市场交易的目的是短期资金周转的供求需要，一般的去向是弥补流动资金临时不足。

3. 货币市场的功能

主要包括：媒介短期资金融通，促进资金流动，对社会资源进行再分配；联络银行和其他金融机构，协调资金的供需；显示资金形式，有助于进行宏观调控。让我们详细地研究，为什么货币市场工具具有这些特点。

首先，如果你有资金可以暂时投资，你只想购买最高信用等级企业的金融债券，并且尽量减少任何违约对本金的损失。因此，货币市场工具由最高等级的经济机构发行（即最低的违约风险）。

其次，你不想持有长期证券。因为，如果发生利率变化，它们与短期证券相比有更大的价格波动（利率风险）。此外，如果利率变化不显著，到期期限与短期证券相差的时间不是很远，这时可以按票面价值兑换。

再次，如果到期之前出现意外，急需资金，短期投资一定很适合市场销售。因此，许多货币市场工具有很活跃的二级市场。为了高度的市场可售性，货币市场工具必须有标准化的特点（没有惊喜）。此外，发行人必须是市场众所周知的而且有良好的信誉。

最后，交易费用必须要低。因此，货币市场工具一般都以大面值批发出售——通常以100万美元到1000万美元为单位。比如说，交易100万美元至1000万美元的费用是50美分至1美元。

4. 个别货币市场工具和这些市场的特点

关于货币市场，可以从市场结构出发来重点关注以下几个方面：

（1）同业拆借市场。同业拆借市场也叫同业拆放市场，主要是为金融机构之间相互进行短期资金融通提供方便。参与同业拆借市场的除了商业银行、非银行金融机构外，还有经纪人。

同业拆借主要是为了弥补短期资金不足、票据清算差额，以及解决其他临时性资金短缺的需要。所以，其拆借期限很短，短则一两天，长则一两个星期，一般不会超过一个月。

正是由于这个特点，所以同业拆借资金的利率是按照日利率来计算的，利息占本金的比率称为"拆息率"，而且每天甚至每时每刻都会发生调整。

（2）货币回购市场。货币回购主要通过回购协议来融通短期资金。这种回购协议，是指出售方在出售证券时与购买方签订的协议，约定在一定期限后按照原定价格或约定价格购回出售的证券，从而取得临时周转资金。这种货币回购业务实际上是把证券作为抵押品取得抵押贷款。

（3）商业票据市场。商业票据分为本票和汇票两种。所谓本票，是指债务人向债权人发出的支付承诺书，债务人承诺在约定期限内支付款项给债权人；所谓汇票，是指债权人向债务人发出的支付命令，要求债务人在约定期限内支付款项给持票人或其他人。而商业票据市场上的主要业务，则是对上述还没有到期的商业票据，如商业本票、商业承兑汇票、银行承兑汇票等进行承兑和贴现。

货币市场的存在使得工商企业、银行和政府可以从中借取短缺资金，也可将它们暂时多余的、闲置的资金投放在市场中作为短期投资，生息获利，从而促进资金合理流动，解决短期性资金融通问题。各家银行和金融机构的资金，通过货币市场交易，从分散到集中，从集中到分散，从而使整个金融体系的融资活动有机地联系起来。

货币市场在一定时期的资金供求及其流动情况，是反映该时期金融市场银根松紧的指示器，它在很大程度上是金融当局进一步贯彻其货币政策、宏观调控货币供应量的帮手。

资本市场：货币市场的金融工具

假设某企业购买一个预期经济寿命为 15 年的厂房。因为，短期利率往往低于长期利率，乍看起来，短期融资似乎更划算。但是，如果利率像 20 世纪 80 年代初期那样急剧上升，该企业不得不为短期债务再融资，从而发现其借款成本不断飙升。在最糟糕的情况下，企业会发现它已经没有足够的现金流来支撑债务而被迫破产。同样，如果市场状况像2001年衰退时那样动荡，债务发行方会发觉自己无力为短期债务再融资；如果找不到其他贷款人，破产的厄运会再次降临。

在为资本支出而发行债务的时候，企业经常会把资产的预期寿命和债务的期限结合起来就不足为奇了。资本市场可以把长期资金的借款方和供应方汇集在一起，还允许那些持有以前发行的证券的人在二级资本市场上交易这些证券以获得现金。

1. 资本市场概念

资本市场，亦称"长期金融市场""长期资金市场"，是指期限在1年以上的各种资金借贷和证券交易的场所。资本市场上的交易对象是1年以上的长期证券。因为，在长期金融活动中，涉及资金期限长、风险大，具有长期较稳定收入，类似于资本投入，故称之为资本市场。狭义的资本市场就是指股票和债券市场；广义的资本市场，在此基础上还包括银行里的长期存贷款市场（如中长期存款、设备贷款、长期抵押贷款、房产按揭贷款等）。如果没有特别说明，一般情况下我们总是从狭义概念出发来理解资本市场。

2. 资本市场功能

资本市场就是指股票和债券市场。资本市场有哪些功能呢？在高度发达的市场经济条件下，资本市场的功能可以按照其发展逻辑而界定为资金融通、资源配置介和产权中介三个方面。

（1）融资功能。本来意义上的资本市场即是纯粹资金融通意义上的市场，它与货币市场相对称，是长期资金融通关系的总和。因此，资金融通是资本市场的本源职能。

（2）配置功能。资本市场的配置功能是指资本市场通过对资金流向的引导而对资源配置发挥导向性作用。资本市场由于存在强大的评价、选择和监督机制，而投资主体作为理性经纪人，始终具有明确的逐利动机，从而促使资金流向高效益部门，表现出资源优化配置的功能。

（3）产权功能。资本市场的产权功能是指其对市场主体的产权约束和充当产权交易中介方面所发挥的功能。产权功能是资本市场的派生功能，它通过对企业经营机制的改造、为企业提供资金融通、传递产权交易信息和提供产权中介服务而在企业产权重组的过程中发挥着重要的作用。

上述三个方面共同构成资本市场完整的功能体系。如果缺少一个环节，资本市场就是不完整的，甚至是扭曲的。资本市场的功能不是人为赋予的，而是资本市场本身的属性之一。从理论上认清资本市场的功能，对于我们正确对待资本市场发展中的问题、有效利用资本市场具有重要的理论与实践意义。

全国证券交易自动报价系统于1990年12月5日开始运行，系统中心设在北京，连接国内证券交易比较活跃的大中城市，为会员公司提供有价证券买卖价格信息和结算。1992年7月1日开始法人股流通转让试点。

1993年4月28日开始运行的全国电子交易系统，是中国证券交易系统有限公司开发设计的，系统中心也设在北京，主要为证券市场提供证券集中交易及报价、清算、交割、登记、托管、咨询等服务。

3. 资本市场需要关注的几个问题

对于资本市场，还可以主要关注以下几个方面：

（1）证券和有价证券。

证券是一种法律凭证，用来证明持有人有权按照上面所记载的内容获得相应权益。有价证券，是指这种证券代表的是某种特定财产，并且对这部分特定财产拥有所有权或债权。

有价证券包括商品证券、货币证券、资本证券。最常见的商品证券是提货单、运货单证；货币证券主要是指商业证券和银行证券，如商业汇票、商业本票、银行汇票、银行本票；资本证券主要指与金融投资有关的证券，如股票、债券、基金、期货、期权、互换协议等。

（2）证券发行市场。证券发行市场就是大家通常所说的一级市场、初级市场。许多股票投资者喜欢在新股发行时"打新股"，这种"打新股"就是在一级证券市场上购买第一手股票。

①发行证券时，按照证券发行对象的不同，可以分为私募发行和公募发行两种。

私募发行也叫不公开发行，它的发行对象是特定投资者。正因如此，私募发行的手续比较简单，筹备时间也比较短。

公募发行也叫公开发行，它的发行对象是不特定的投资者，社会影响大，所以发行手续比较烦琐，筹备时间较长，条条框框非常严格。例如，发行者必须向证券管理机关递交申请书和相关材料，并获得批准；某些财务指标和信用等级必须达到要求；必须如实向投资者提供相关资料，等等。

②发行证券时，按照证券发行方式的不同，可以分为直接发行和间接发行两种。

直接发行就是指通过承销机构，由发行人自己向投资者发行。它的优点是可以节约成本；缺点是必须由发行者自己承担发行风险；其前提条件是发行者要熟悉发行手续，精通发行技术，否则很多工作将无法开展下去。

间接发行也叫委托发行，是指通过承销机构，如投资银行、证券公司等中介金融机构代理发行证券。它的优点是可以节省发行者大量的时间和精力，减少发行风险，并且可以借助于中介机构的力量提高自身知名度；缺点是需要投入费用，提高发行成本。

间接发行更受证券发行人青睐，因而这也是目前最普遍的证券发行方式。确定发行价格是证券发行中的一个重要环节。发行价格过高，发行数量就会减少甚至发不出去，无法筹集到所需资金，证券承销商也会蒙受损失；发行价格过低，虽然证券发行工作比较顺利甚至会火爆起来，可是发行公司却会遭受损失。

4. 资本市场特点

资本市场主要有以下几方面的特点：

（1）融资期限长。资本市场的融资期限至少在1年以上，也可以长达几十年，甚至无到期日。

（2）流动性相对较差。在资本市场上筹集到的资金多用于解决中长期融资需求，所以流动性和变现性相对较弱。

（3）风险大而收益较高。由于融资期限较长，发生重大变故的可能性也大，市场价格容易波动，投资者需承受较大风险。同时，作为对风险的报酬，其收益也较高。

股票市场：狼和羊组成的金融生态

股票的交易都是通过股票市场来实现的。股票市场是股票发行和流通的场所，也可以说是指对已发行的股票进行买卖和转让的场所。一般地，股票市场可以分为一、二级。一级市场也称为股票发行市场，二级市场也称为股票交易市场。股票是一种有价证券。有价证券除股票外，还包括国家债券、公司债券、不动产抵押债券等。国家债券出现较早，是最先投入交易的有价债券。随着商品经济的发展，后来才逐渐出现股票等有价债券。因此，股票交易只是有价债券交易的一个组成部分，股票市场也只是多种有价债券市场中的一种。目前，很少有单一的股票市场，股票市场不过是证券市场中专营股票的地方。

转让股票进行买卖的方法和形式称为交易方式，它是股票流通交易的基本环节。现代股票流通市场的买卖交易方式种类繁多，从不同的角度可以分为以下三类：

其一，议价买卖和竞价买卖。从买卖双方决定价格的不同，分为议价买卖和竞价买卖。议价买卖就是买方和卖方一对一地面谈，通过讨价还价达成买卖交易。它是场外交易中常用的方式。一般在股票上不了市，交易量少，需要保密或为了节省佣金等情况下采用；竞价买卖是指买卖双方都是由若干人组成的群体，双方公开进行双向竞争的交易，即交易不仅在买卖双方之间有出价和要价的竞争，而且在买者群体和卖者群体内部也存在着激烈的竞争，最后在买方出价最高者和卖方要价最低者之间成交。在这种双方竞争中，买方可以自由地选择卖方，卖方也可以自由地选择买方，使交易比较公平，产生的价格也比较合理。竞价买卖是证券交易所中买卖股票的主要方式。

其二，直接交易和间接交易。按达成交易的方式不同，分为直接交易和间接交易。直接交易是买卖双方直接洽谈，股票也由买卖双方自行清算交割，在整个交易过程中不涉及任何中介的交

易方式。场外交易绝大部分是直接交易；间接交易是买卖双方不直接见面和联系，而是委托中介人进行股票买卖的交易方式。证券交易所中的经纪人制度，就是典型的间接交易。

其三，现货交易和期货交易。按交割期限不同，分为现货交易和期货交易。现货交易是指股票买卖成交以后，马上办理交割清算手续，当场钱货两清；期货交易则是股票成交后按合同中规定的价格、数量，过若干时期再进行交割清算的交易方式。

有人说，如果把股市比喻成一个草原，普通股民是羊，那些企图捕食羊的利益团体是狼，政府就是牧羊人。但千万不要以为牧羊人就只保护羊，实际上，牧羊人也得保护狼。因为，狼假如不够，羊没有天敌，就会繁衍得太多，而太多羊则会毁灭草原的植被，进而毁灭整个草原。政府说到底，他既不保护羊也不保护狼，而是保护整个草原的生态平衡。因为，牧羊人并不以保护羊为第一目标，他只在整个草原可能出现毁灭倾向时才会真正焦急。这样的比喻似乎比较清晰地揭示了股市运作的道理。

真实的股市在每一个股民的眼中都是不一样的。表面上看，股市就永远像庙会那样人山人海，热闹非凡；而实际上，置身其中，就会发现股市就如一个百鸟园一般充满不同的声音，而你却不知谁说的才是真的。真假难辨，是股民心中对股市一致的印象。

基金市场：让投资专家打理你的财富

通俗地说，基金就是通过汇集众多投资者的资金，交给银行托管，由专业的基金管理公司负责投资于股票和债券等证券，以实现保值、增值目的的一种投资工具。基金增值部分，也就是基金投资的收益，归持有基金的投资者所有，专业的托管、管理机构收取一定比例的管理费用。基金以"基金单位"作为单位，在基金初次发行时，将其基金总额划分为若干等额的整数份，每一份就是一个基金单位。

为了进一步理解基金的概念，我们可以做一个比喻：

假设你有一笔钱想投资债券、股票等进行增值，但自己既没有那么多精力，也没有足够的专业知识，钱也不是很多，于是想到与其他几个人合伙出资，雇一个投资高手，操作大家合出的资产进行投资增值。但在这里面，如果每个投资人都与投资高手随时交涉，那将十分麻烦，于是就推举其中一个最懂行的人牵头办理这件事，并定期从大伙合出的资产中抽取提成作为付给投资高手的劳务费报酬。当然，牵头人出力张罗大大小小的事，包括挨家跑腿，随时与投资高手沟通，定期向大伙公布投资盈亏情况等，不可白忙，提成中也包括他的劳务费。

上面这种运作方式就叫作合伙投资。如果这种合伙投资的活动经过国家证券行业管理部门（中国证券监督管理委员会）的审批，允许这项活动的牵头操作人向社会公开募集吸收投资者加入合伙出资，这就是发行公募基金，也就是大家现在常见的基金。

基金包含资金和组织的两方面含义。从资金上讲，基金是用于特定目的并独立核算的资金。其中，既包括各国共有的养老保险基金、退休基金、救济基金、教育奖励基金等，也包括中国特有的财政专项基金、职工集体福利基金、能源交通重点建设基金、预算调节基金等。从组织上讲，基金是为特定目标而专门管理和运作资金的机构或组织。这种基金组织，可以是非法人机构（如财政专项基金、高校中的教育奖励基金、保险基金等），可以是事业性法人机构（如中国的宋庆龄儿童基金会、孙冶方经济学奖励基金会、茅盾文学奖励基金会，美国的福特基金会、富布赖特基金会等），也可以是公司性法人机构。

基金有广义和狭义之分。从广义上说，基金是机构投资者的统称，包括信托投资基金、单位信托基金、公积金、保险基金、退休基金、各种基金会的基金。在现有的证券市场上的基金，包括封闭式基金和开放式基金，具有收益性功能和增值潜能的特点；从会计角度透析，基金是一个狭义的概念，意指具有特定目的和用途的资金。因为，政府和事业单位的出资者不要求投资回报和投资收回，但要求按法律规定或出资者的意愿把资金用在指定的用途上，而形成了基金。

基金将众多投资者的资金集中起来，委托基金管理人进行共同投资，表现出一种集合理财的特点。通过汇集众多投资者的资金，积少成多，有利于发挥资金的规模优势，降低投资成本。基金与股票、债券、定期存款、外汇等投资工具一样也为投资者提供了一种投资渠道。它具有以下特点：

其一，集合理财，专业管理。基金将众多投资者的资金集中起来，由基金管理人进行投资管理和运作。基金管理人一般拥有大量的专业投资研究人员和强大的信息网络，能够更好地对证券市场进行全方位的动态跟踪与分析。将资金交给基金管理人管理，使中小投资者也能享受到专业化的投资管理服务。

其二，组合投资，分散风险。为降低投资风险，中国《证券投资基金法》规定，基金必须以组合投资的方式进行基金的投资运作，从而使"组合投资，分散风险"成为基金的一大特色。"组合投资，分散风险"的科学性已为现代投资学所证明，中小投资者由于资金量小，一般无法通过购买不同的股票分散投资风险。基金通常会购买几十种甚至上百种股票，投资者购买基金就相当于用很少的资金购买了一篮子股票，某些股票下跌造成的损失可以用其他股票上涨的盈利来弥补。因此，可以充分享受到组合投资，分散风险的好处。

其三，利益共享，风险共担。基金投资者是基金的所有者。基金投资人共担风险，共享收益。基金投资收益在扣除由基金承担的费用后的盈余全部归基金投资者所有，并根据各投资者所持有的基金份额比例进行分配。为基金提供服务的基金托管人、基金管理人只能按规定收取一定的托管费、管理费，并不参与基金收益的分配。

其四，严格监管，信息透明。为切实保护投资者的利益，增强投资者对基金投资的信心，中国证监会对基金业实行比较严格的监管，对各种有损投资者利益的行为进行严厉的打击，并强制基金进行较为充分的信息披露。在这种情况下，严格监管与信息透明也就成为基金的一个显著特点。

其五，独立托管，保障安全。基金管理人负责基金的投资操作，本身并不经手基金财产的保管。基金财产的保管由独立于基金管理人的基金托管人负责。这种相互制约、相互监督的制衡机制对投资者的利益提供了重要的保护。

基金管理公司就是这种合伙投资的牵头操作人，为公司法人，其资格必须经过中国证监会审批。一方面，基金公司与其他基金投资者一样也是合伙出资人之一；另一方面，基金公司负责牵头操作，每年要从大家合伙出的资产中按一定的比例提取劳务费，并定期公布基金的资产和收益情况。当然，基金公司的这些活动必须经过证监会批准。

为了保证投资者的资产安全，不被基金公司擅自挪用，中国证监会规定，基金的资产不能放在基金公司手里，基金公司和基金经理只负责交易操作，不能碰钱，记账管钱的事要找一个擅长此事信用又高的角色负责，这个角色当然非银行莫属。于是这些出资就放在银行，建立一个专门账户，由银行管账记账，称为基金托管。当然银行的劳务费也得从这些资产中按比例抽取按年支付。所以，基金资产的风险主要来自于投资高手的操作失误，而因基金资产被擅自挪用造成投资者资金损失的可能性很小。从法律角度说，即使基金管理公司倒闭甚至托管银行出事了，向它们追债的人也无权挪走基金专户的资产。因此，基金资产的安全是很有保障的。

第七章 谁在负责处理我们的钱
——每天懂点金融机构知识

银行：金融界当之无愧的"大哥"

欧洲中世纪的时候，只有两种人有钱，一种是贵族，另一种是主教。所以，银行是不必要的，因为根本没有商业活动。

到了 17 世纪，一些平民通过经商致富，成了有钱的商人。他们为了安全，都把钱存放在国王的铸币厂里。那个时候还没有纸币，所谓存钱就是指存放黄金。因为，那时实行"自由铸币"制度，任何人都可以把金块拿到铸币厂里，铸造成金币，所以铸币厂允许顾客存放黄金。

但是这些商人没意识到，铸币厂是属于国王的，如果国王想动用铸币厂里的黄金，那是无法阻止的。1638 年，英国国王查理一世同苏格兰贵族爆发了战争，为了筹措军费，他就征用了铸币厂里平民的黄金，美其名曰贷款给国王。虽然，黄金后来还给了原来的主人，但是商人们感到，铸币厂不安全。于是，他们把钱存到了金匠那里。金匠为存钱的人开立了凭证，以后拿着这张凭证，就可以取出黄金。

后来商人们就发现，需要用钱的时候，其实不需要取出黄金，只要把黄金凭证交给对方就可以了。再后来，金匠突然发现，原来自己开立的凭证，具有流通的功能。于是，他们开始开立"假凭证"。他们惊奇地发现，只要所有客户不是同一天来取黄金，

"假凭证"就等同于"真凭证",同样是可以作为货币使用的。

这就是现代银行中"准备金"的起源,也是"货币创造"的起源。这时正是 17 世纪 60 年代末,现代银行就是从那个时候起诞生的。世界上最早的银行都是私人银行,最早的银行券都是由金匠们发行的,他们和政府没有直接的关系。

现代银行竟然是这样发展而来的,恐怕人们都想象不到。从上面这段资料,大家就可以看出,银行起源于古代的货币经营业。而货币经营业主要从事与货币有关的业务,包括金属货币的鉴定和兑换、货币的保管和汇兑业务。当货币经营者手中大量货币聚集时就为发展贷款业务提供了前提。随着贷款业务的发展,保管业务也逐步改变成存款业务。当货币活动与信用活动结合时,货币经营业便开始向现代银行转变。1694 年,英国英格兰银行的建立,标志着西方现代银行制度的建立。

银行一词,源于意大利 Banca,其原意是长凳、椅子,是最早的市场上货币兑换商的营业用具。英语转化为 Bank,意为存钱的柜子。在我国有"银行"之称,则与我国经济发展的历史相关。在我国历史上,白银一直是主要的货币材料之一。"银"往往代表的就是货币,而"行"则是对大商业机构的称谓,所以把办理与银钱有关的大金融机构称为银行。

在我国,明朝中叶就形成了具有银行性质的钱庄,到清代又出现了票号。第一次使用银行名称的国内银行是"中国通商银行",成立于 1897 年 5 月 27 日;最早的国家银行是 1905 年创办的"户部银行",后称"大清银行";1911 年辛亥革命后,"大清银行"

改组为"中国银行",一直沿用至今。

在我国,银行有多种分类方法,一般大而化之的分类方法是把银行按如下方法分类:

第一类是中国人民银行,它是中央银行,在所有银行当中起管理作用。

第二类是政策性银行,如农业发展银行、国家开发银行、进出口银行,一般办理政策性业务,不以盈利为目的。

第三类是商业银行,又可分为全国性国有商业银行,如工行、农行、中行、建行;全国性股份制商业银行,如招商银行、华夏银行、民生银行;区域性商业银行,如广东发展银行;地方性商业银行,如武汉市商业银行、才上市的南京银行。不过,随着银行业务范围的扩大,这三种银行的区别正在缩小。

最后一类是外资银行。外资银行有很多,比较著名的有花旗银行、汇丰银行等等。现在,外资银行一般都设在一线城市,它的业务与国内银行有很大不同,现在已逐步放开它的业务范围。

值得注意的是,银行是经营货币的企业,它的存在方便了社会资金的筹措与融通,它是金融机构里面非常重要的一员。商业银行的职能是由它的性质所决定的,主要有五个基本职能:

其一,信用中介职能。信用中介是商业银行最基本、最能反映其经营活动特征的职能。这一职能的实质,是通过银行的负债业务,把社会上的各种闲散货币集中到银行里来,再通过资产业务,把它投向经济各部门;商业银行是作为货币资本的贷出者与借入者的中介人或代表,来实现资本的融通,并从吸收资金的成本与发放贷款利息收入、投资收益的差额中，获取利益收入，形成银行利润。商业银行通过信用中介的职能实现资本盈余和短缺之间的融通，并不改变货币资本的所有权，改变的只是货币资本的使用权。

其二，支付中介职能。银行除了作为信用中介，融通货币资本以外，还执行着货币经营业的职能。通过存款在账户上的转移，代理客户支付，在存款的基础上，为客户兑付现款等，成为工商企业、团体和个人的货币保管者、出纳者和支付代理人。

其三，信用创造功能。商业银行在信用中介职能和支付中介职能的基础上，产生了信用创造职能。以通过自己的信贷活动创造和收缩活期存款，而活期存款是构成贷款供给量的主要部分。因此，商业银行就可以把自己的负债作为货币来流通，具有了信用创造功能。

其四，金融服务职能。随着经济的发展，工商企业的业务经营环境日益复杂化，许多原来属于企业自身的货币业务转交给银行代为办理，如发放工资、代理支付其他费用等。个人消费也由原来的单纯钱物交易，发展为转账结算。现代化的社会生活，从多方面给商业银行提出了金融服务的要求。

其五，调节经济职能。调节经济是指银行通过其信用中介活动，调剂社会各部门的资金短缺，同时在央行货币政策和其他国家宏观政策的指引下，实现经济结构、消费比例投资、产业结构等方面的调整。此外，商业银行通过其在国际市场上的融资活动还可以调节本国的国际收支状况。

政策性银行：肩负特殊的使命

第二次世界大战后的德国民生凋敝、百废待兴，人民亟待重建家园。为了筹集巨额重建资金，1948年，德国政府出资10亿马克组建德国复兴开发银行（KFW）。德国复兴开发银行成立以后，立即通过发行中长期债券筹措巨额款项，为德国人民在废墟上重建家园提供了大量资金。德国复兴开发银行为战后德国的复兴立下了汗马功劳，它也因此与美丽的莱茵河一样闻名遐迩。

那么，政策性银行与商业银行有何不同呢？政策性银行的职能是什么呢？政策性银行又将走向何方呢？

说起政策性银行，可能很多人都会感到陌生。政策性银行就是指那些由政府创立、参股或保证的，不以盈利为目的，专门为贯彻、配合政府社会经济政策或意图，在特定的业务领域内，直接或间接地从事政策性融资活动，充当政府发展经济、促进社会进步、进行宏观经济管理工具的金融机构。我国的三大政策性银行分别是中国进出口银行、国家开发银行、中国农业发展银行。

在经济发展过程中，常常存在一些商业银行从盈利角度考虑而不愿意融资的领域或者其资金实力难以达到的领域。这些领域通常包括那些对国民经济发展、社会稳定具有重要意义，且投资规模大、周期长、经济效益见效慢、资金回收时间长的项目，如农业开发项目、重要基础设施建设项目等。为了扶持这些项目，政府往往实行各种鼓励措施，各国通常采用的办法是设立政策性银行，专门对这些项目融资。

政策性银行的产生和发展是国家干预、协调经济的产物。政策性银行与商业银行和其他非银行金融机构相比,有共性的一面,如要对贷款进行严格审查,贷款要还本付息、周转使用等。但作为政策性金融机构,也有其特征:一是政策性银行的资本金多由政府财政拨付;二是政策性银行经营时主要考虑国家的整体利益、社会效益,不以盈利为目标,但政策性银行的资金并不是财政资金,政策性银行也必须考虑盈亏,坚持银行管理的基本原则,力争保本微利;三是政策性银行有其特定的资金来源,主要依靠发行金融债券或向中央银行举债,一般不面向公众吸收存款;四是政策性银行有特定的业务领域,不与商业银行竞争。

政策性银行的职能,主要表现在它的特殊职能上。它的特殊职能包括:

1. 补充性职能(弥补性职能)

通过前述政策性银行存在根据和运行机制的分析可以看到,政策性银行的融资对象,一般限制在那些社会需要发展,而商业性金融机构又不愿意提供融资的事业上。对于那些能够获得商业性资金支持的事业,政策性银行就没有必要把有限的资金投入进去。因此,政策性银行具有在融资对象上为商业性融资拾遗补缺的功能。需要政策性银行提供资金支持的具体事业范围不是不变的，而是随着社会、经济、技术等的发展在不断变化的。

2. 倡导性职能

所谓倡导性职能，即提倡引导的职能。政策性银行的倡导性职能主要是通过以下途径发挥的：

（1）政策性银行通过自身的融资行为，给商业性金融机构指示了国家经济政策的导向和支持重心，从而消除商业性金融机构对前景模糊的疑虑，带动商业性资金参与。

（2）政策性银行通过提供利息补贴，弥补投资利润低而无法保证市场利息收入的不足，从而使商业性资金参与。

（3）政策性银行通过向商业性融资提供利息和本金的偿还担保，促成商业性资金参与。

（4）政策性银行通过为商业性金融机构提供再融资的方式，促使商业性资金的参与等，通过这些方式，诱使和引导商业性资金参与特殊事业融资。

3. 经济调控职能（亦称选择性职能）

政策性银行的经济调控职能，是倡导性职能的必然结果。正是因为前两项职能，国家通过政策性银行业务可以实现区域经济、产业、行业、产品结构、生产力布局、固定资产投资规模和结构等合理化，实现经济的协调发展。

4. 特殊领域的金融服务职能

政策性银行以其服务对象的特殊性，决定了其所熟悉和擅长的领域的特别性。它在其服务的领域积累了丰富的实践经验和专业技能，聚集了一大批精通业务的业务技术人员，从而在这些特殊的领域方面，从投资论证到投资步骤、投资管理、投资风险防范等方面，政策性银行可以为经济发展在这些领域提供专业化的有效服务。

而这些方面恰恰是商业银行所不熟悉或不擅长的业务领域，有效弥补商业性金融机构在这些领域所提供服务的不足。

资产管理公司自身在实际运营中必须积极地把握如何将业务创新与制度创新相结合，将企业的发展模式与持续经营能力联系在一块儿考虑。金融资产管理公司只有在实际工作中探索，形成符合自身发展的运营模式与经营风格，才能真正在市场化的竞争中取得一席之地。

当今世界上许多国家都建立有政策性银行，其种类较为全面，并构成较为完整的政策性银行体系，如日本著名的"二行九库"体系，包括日本输出入银行、日本开发银行、日本国民金融公库、住宅金融公库、农林渔业金融公库、中小企业金融公库、北海道东北开发公库、公营企业金融公库、环境卫生金融公库、冲绳振兴开发金融公库、中小企业信用保险公库；韩国设有韩国开发银行、韩国进出口银行、韩国中小企业银行、韩国住宅银行等政策性银行；法国设有法国农业信贷银行、法国对外贸易银行、法国土地信贷银行、法国国家信贷银行、中小企业设备信贷银行等政策性银行；美国设有美国进出口银行、联邦住房信贷银行体系等政策性银行。这些政策性银行在各国社会经济生活中发挥着独特而重要的作用，构成各国金融体系两翼中的一部分。

保险公司：无形保险有形保障

我们的生命总是免不了要受到各种伤害的威胁，所以，我们必须采用一种对付人身危险的方法，即对发生人身危险的人及其家庭在经济上给予一定的物质帮助，人寿保险就是以人的生命为保险标的，以生、死为保险事故的一种人身保险。

财产保险是指投保人根据合同约定，向保险人交付保险费，保险人按保险合同的约定对所承保的财产及其有关利益因自然灾害或意外事故造成的损失承担赔偿责任的保险。它包括财产保险、农业保险、责任保险、保证保险、信用保险等以财产或利益为保险标的的各种保险。

人身意外伤害保险，是以人的身体为标的，以意外伤害而致身故或残疾为给付条件的保险。它是指被保险人由于意外原因造成身体伤害或导致残废、死亡时，保险人按照约定承担给付保险金责任的人身保险合同。保险人的给付，通常包括丧失工作能力给付，丧失手足或失明的给付，因伤致死给付，以及医疗费用给付。意外伤害保险必须满足两点要求：一是，伤害必须是人体的伤害；同时，伤害必须是意外事故所致。

保险业是大家经常接触的，那对于保险业的相关知识，大家了解多少呢？

保险公司是指经营保险业的经济组织，包括直接保险公司和再保险公司。保险关系中的保险人，享有收取保险费、建立保险费基金的权利。同时，当保险事故发生时，有义务赔偿被保险人的经济损失。在解读保险公司之前，先明确一下保险公司的定义。什么是保险公司呢？就是销售保险合约、提供风险保障的公司。保险公司分为两大类型——人寿保险公司、财产保险公司。平常人们最常接触的三种保险是人寿保险、财产保险、意外伤害保险。

保险公司属于资金融通的渠道，所以也是金融的一种。它是以契约的形式确立双方的经济关系。从本质上讲，保险体现的是一种经济关系，这主要表现在保险人和被保险人的商品交换关系，以及两者之间的收入再分配关系。从经济角度来看，保险是一种损失分摊方法，以多数单位和个人缴纳保费建立保险基金，使少数成员的损失由全体被保险人分担。

保险是最古老的风险管理方法之一。保险合约中，被保险人支付一个固定金额（保费）给保险人，前者获得保证；在指定时期内，后者对特定事件或事件所造成的任何损失给予一定补偿。

大家日常所接触的保险公司就是经营保险业务的经济组织。具体说来，它是指经中国保险监督管理机构批准设立，并依法登记注册的商业保险公司。保险公司是采用公司组织形式的保险人，经营保险业务。

"我想问一下，保险公司收取投保人那些保金，可每当发生事故时，保险公司要赔给投保人十几倍甚至几十倍的赔金。据我所知，每个企业都是以盈利为目的的，那么我想问一下，保险公司这样怎能赚钱呀？究竟它是怎么运营的？"

很多人都存在这样的疑问，那保险公司究竟是怎样实现盈利的呢？

其实保险还是以投资为主的，每年收的保费相对于保险公司投资收益来说是很小的一部分。保险公司有九大投资渠道，"国十条"出台后，投资渠道更多，保险公司的收益更大，所以买分红保险的客户分得的利益会更多。

具体说来，保险公司的盈利就是通过"三差益"来实现的，即：死差益——指实际死亡人数比预定死亡人数少时产生的利益；费差益——指实际所用的营业费用比依预定营业费用率所计算之营业费用少时所产生的利益；利差益——指保险资金投资运用收益率高于有效保险合同的平均预定利率而产生的利益。

分别举例来说明吧。先说第一种死差。比如当前癌症的病死率是90%，于是保险公司就按照这样的概率来定保费。客户在交了钱后，如果患癌症死亡就可以获得赔偿。假设保险公司就是按照收多少赔多少的方式收取的保费，那么按理说这100个人死到90个的时候，保险公司收的钱就该都花出去了才对。但是，偏偏在这个时候，癌症已经不是绝症了，本来应该死90个，但实际只死了20个，那么之前收的那笔钱就有了相对的结余，这就是"死差益"了。当然这个也可能是负的，比如死了99个，那保险公司就变成了"死差损"了。这种情况在一年内出现变化不明显，但是放在20年或者更长的时间中，就可能有可以确定的利润了，因为医疗水平只会越来越高，很多疾病都会被慢慢攻克。相同的疾病随着时间的推移存活比例只会是越来越高。

第二种就是"费差"。本来预计为了维持这部分保费的运作，保险公司需要向每个客户收取一定的费用，但是在收取后，管理水平提高了，保险公司不需要那么多人、那么多钱来管理就可以达到更好的管理效果，那么就可能出现费用方面的结余。

第三种是"利差"。保险公司承诺在交钱的20年后将返还你双倍的钱，但当到了20年后，保险公司用你的钱赚了400%的收益，那么除了给你2倍之外，剩下的就成了保险公司的收益了。

这样解说是为了让论述更浅显易懂，让大家读起来也容易明白。其实，在实际操作中，会通过会计年度的结算方法，一般每年都会在账面上体现一定的盈利或者亏损，并不是等到钱都还给客户后统一结算，相信有点现代财务知识的人都应该懂了。

至于有人说保险公司是骗钱，这个理论不具有说服力，这笔钱在个人手中更多的可能性就是明明准备养老的，但是被子女拿去花了；明明准备看病的，可能一次不明智的投资就亏出去了。其实只要你没有存进去就不取出来的决心，所谓的养老钱、看病钱，根本不可能到了你需要的时候你才取出来用，所以先有保险规划是十分必要的选择。至于纯概率收益，那可能是指财产类吧，如车险，比如去年车祸损失有50亿（只是随意打个比方，数据没有有效性），那么今年保险公司就可能需要收80亿的保费了，免得发生更多就赔不起。这样的收费看起来可能就只有盈利，但这种利润保险存在，其实很多行业都存在，如石油、电信、移动等。

金融中介：供求之间的桥梁

2008年3月，美国第五大投资银行贝尔斯登因濒临破产而被摩根大通收购近半年之后，华尔街再次爆出令人吃惊的消息：美国第三大投资银行美林证券被美国银行以近440亿美元收购，美国第四大投资银行雷曼兄弟因为收购谈判"流产"而破产。华尔街五大投行仅剩高盛集团和摩根斯坦利公司。美国联邦储备局星期日深夜宣布，批准美国金融危机发生后至今幸存的最后两大投资银行高盛和摩根斯坦利"变身"，转为银行控股公司。这个消息也意味着，独立投资银行在华尔街叱咤风云超过20年的黄金时代已宣告结束，美国金融机构正面临20世纪30年代经济大萧条以来最大规模和最彻底的重组。

金融中介机构指一个对资金供给者吸收资金，再将资金对资金需求者融通的媒介机构。通常我们所知道的商业银行、信用社和保险公司等都可以归为金融中介机构。

金融中介机构对资金供给者吸收资金，再将资金对资金需求者融通。它的功能主要有信用创造、清算支付、资源配置、信息提供和风险管理等几个方面。

金融中介机构可以分为三类：存款机构（银行）、契约性储蓄机构与投资中介机构。

1. 存款机构（银行）

存款机构是从个人和机构手中吸收存款和发放贷款的金融中介机构。货币银行学的研究往往特别关注这类金融机构。因为，它们是货币供给的一个重要环节—货币创造过程的参与者。这些机构包括商业银行，以及被称为储蓄机构的储蓄和贷款协会、互助储蓄银行和信用社。

2. 契约性储蓄机构

例如，保险公司和养老基金，是在契约的基础上定期取得资金的金融中介机构。由于它们能够相当准确地预测未来年度里向受益人支付的金额，因此它们不必像存款机构那样担心资金减少。于是，相对于存款机构而言，资产的流动性对于它们并不那么重要，它们一般将资金主要投资于公司债券、股票和抵押贷款等长期证券方面。

3. 投资中介机构

这类金融中介机构包括财务公司、共同基金与货币市场共同基金。财务公司通过销售商业票据（一种短期债务工具）、发行股票或债券的形式筹集资金。它们将资金贷放给那些需要购买家具、汽车或是修缮住房的消费者及小型企业。一些财务公司是母公司为了销售其商品而建立的。例如，福特汽车信贷公司就是向购买福特汽车的消费者提供贷款的。

金融中介实现了资金流、资源、信息三者之间的高效整合。金融中介扩大了资本的流通范围，拓展了信息沟通，减少了投资的盲目性，实现了调节供需失衡的作用。金融中介使资源配置效率化。金融中介在构造和活化金融市场的同时，进而活化整个社会经济，使整个社会的资源配置真正进入了效率化时代。金融中介发展推动了企业组织的合理发展。金融中介的活动，把对企业经营者的监督机制从单一银行体系扩展到了社会的方方面面，使企业的经营机制获得了极大改善，提高了企业应对市场变化的能力。

在进行投资和融资的过程当中，难免会存在风险，限制性契约就是人们用来缓解道德风险的一种方式。但是，尽管限制性契约有助于缓解道德风险问题，但并不意味着能完全杜绝它的发生。制定一份能排除所有有风险活动的契约几乎是不可能的。另外，借款者可能会十分聪明，他们能发现使得限制性契约无法生效的漏洞。

从20世纪50年代，尤其是70年代以来，金融机构的发展出现了大规模全方位的金融创新，同时，随着跨国公司国际投资的发展，金融中介机构也逐步向海外扩张。在这些条件的促进下，金融中介机构的发展也出现了许多新的变化。这主要表现在：金融机构在业务上不断创新，而且发展方向也趋于综合化。兼并重组成为现代金融机构整合的有效手段，这促使了大规模跨国界金融中介机构的不断涌现，从而加速了金融机构在组织形式上的不断创新。与此同时，金融机构的经营管理也在频繁创新，但是，金融机构的风险性变得更大、技术含量要求也越来越高。

为了达成中介的功能，金融中介机构通常发行各种次级证券，如定期存单、保险单等，以换取资金，而因为各种金融中介机构所发行的次级证券会存在很大差异，因此，经济学家便将这些差异作为对金融中介机构分类的依据。一般而言，发行货币性次级证券如存折、存单等的金融中介机构称为存款货币机构，而这些由存款货币机构发行的次级证券不但占存款货币机构负债的大部分，一般而言，也是属于货币供给的一部分；至于非存款货币机构所发行的次级证券如保险单等，则占非存款货币机构负债的一大部分，而且这些次级证券也不属于货币供给的一部分。

　　根据定义来看，我们可以了解到金融中介机构其实就是金融产品的设计者和交易者。如我们所知，金融中介机构，特别是银行，只要它们主要提供私人贷款，就有能力避免搭便车问题。私人贷款是不交易的，所以没有人能搭中介机构监督和执行限制性契约的便车。于是，提供私人贷款的中介机构获得了监督和执行契约的收益，它们的工作减少了潜藏于债务合约中的道德风险问题。

道德风险概念为我们提供了进一步的解释，说明金融中介机构在沟通资金从储蓄者向借款者流动的过程中发挥的作用比可流通的证券更大。

导致逆向选择和道德风险问题现象的出现，主要是由金融市场当中信息的不对称引发的，这极大地影响了市场的有效运作。解决这些问题的办法主要包括：由私人生产并销售信息、政府加强管理以增加金融市场的信息，在债务合约中规定抵押品和增加借款者的净值，以及进行监管和运用限制性契约，等等。经过分析，我们不难发现：在股票、债券等可流通的证券上存在着搭便车问题，表明了金融中介机构，尤其是银行在企业融资活动中应发挥比证券市场更大的作用。

投资银行："为他人作嫁衣裳"

2008年是华尔街的多事之秋。2008年9月15日至21日是华尔街历史上最黑暗的一周。雷曼兄弟申请破产保护、美林被美洲银行收购、摩根斯坦利与高盛宣布转为银行控股公司。再加上2008年3月被摩根大通收购的贝尔斯登，曾经风光无限的华尔街五大投行集体消失。对于熟悉美国金融体系的专业人士来说，如此巨变可谓天翻地覆。那么，投资银行在整个金融生态链中处于什么地位？投资银行业的前景又如何呢？

投资银行家是这样一群人：他们的鞋是白色的，"血"是蓝色的，戒指是祖母绿的，皮鞋是意大利定制的；他们每周去圣公会教堂做礼拜，坐在第一排；除了手工制作的深色西装和燕尾服，从不穿别的衣服……他们是金融领域内的贵族，就如同投资银行在金融界的地位一样。

投资银行是主要从事证券发行、承销、交易、企业重组、兼并与收购、投资分析、风险投资、项目融资等业务的非银行金融机构，是资本市场上的主要金融中介。在中国，投资银行的主要代表有中国国际金融有限公司、中信证券、投资银行在线等。

投资银行其实是一个美国词汇，在其他的国家和地区，投资银行有着不同的称谓：在英国被称为"商人银行"，在其他国家和地区则被称为"证券公司"。需要指出的是，虽然都被称为"银行"，商业银行与投资银行其实是两种不同的金融机构。在传统的金融学教科书里，"银行"是经营间接融资业务的，通过储户存款与企业贷款之间的利息差赚取利润；而投资银行却是经营直接融资业务的，一般来说，它既不接受存款也不发放贷款，而是为企业提供发行股票、债券或重组、清算业务，从中抽取佣金。

投资银行是与商业银行相对应的一个概念，是现代金融业适应现代经济发展形成的一个新兴行业。它区别于其他相关行业的显著特点是：其一，它属于金融服务业，这是区别于一般性咨询、中介服务业的标志；其二，它主要服务于资本市场，这是区别于商业银行的标志；其三，它是智力密集型行业，这是区别于其他专业性金融服务机构的标志。

现代意义上的投资银行产生于欧美，主要是由18、19世纪众多销售政府债券和贴现企业票据的金融机构演变而来的。伴随着贸易范围和金额的扩大，客观上要求融资信用，于是一些信誉卓越的大商人便利用其积累的大量财富成为商人银行家，专门从事融资和票据承兑贴现业务，这是投资银行产生的根本原因。证券业与证券交易的飞速发展是投资银行业迅速发展的催化剂，为其提供了广阔的发展天地。投资银行则作为证券承销商和证券经纪人逐步奠定了其在证券市场中的核心地位。

资本主义经济的飞速发展给交通、能源等基础设施造成了巨大的压力，为了缓解这一矛盾，19世纪欧美掀起了基础设施建设的高潮，这一过程中巨大的资金需求使得投资银行在筹资和融资过程中得到了迅猛的发展。而股份制的出现和发展，不仅带来了西方经济体制中一场深刻的革命，也使投资银行作为企业和社会公众之间资金中介的作用得以确立。

让很多投资人感到好奇的是，投资银行是怎样来的呢？在美国，投资银行往往有两个来源：一是由商业银行分解而来，其中典型的例子就是摩根斯坦利；二是由证券经纪人发展而来，典型的例子如美林证券。

追溯起来，美国投资银行与商业银行的分离最早发生在1929年的大股灾之后，当时联邦政府认为投资银行业务有较高的风险，禁止商业银行利用储户的资金参加投行业务，结果一大批综合性银行被迫分解为商业银行和投资银行，其中最典型的例子就是摩根银行分解为从事投资银行业务的摩根斯坦利及从事商业银行业务的J·P.摩根。不过这种情况并没有发生在欧洲，欧洲各国政府一直没有这样的限制，投资银行业务一般都是由商业银行来完成的，如德意志银行、荷兰银行、瑞士银行、瑞士信贷银行等。有趣的是，这样做在欧洲不但没有引起金融危机，反而在一定程度上加强了融资效率，降低了金融系统的风险。

近20年来，在国际经济全球化和市场竞争日益激烈的趋势下，投资银行业完全跳开了传统证券承销和证券经纪狭窄的业务框架，跻身于金融业务的国际化、多样化、专业化和集中化之中，努力开拓各种市场空间。这些变化不断改变着投资银行和投资银行业，对世界经济和金融体系产生了深远的影响，并已形成鲜明而强大的发展趋势。

由于投资银行业的发展日新月异，对投资银行的界定也显得十分困难。投资银行是美国和欧洲大陆的称谓，英国称之为商人银行，在日本则指证券公司。国际上对投资银行的定义主要有四种：第一种：任何经营华尔街金融业务的金融机构都可以称为投资银行。第二种：只有经营一部分或全部资本市场业务的金融机构才是投资银行。第三种：把从事证券承销和企业并购的金融机构称为投资银行。第四种：仅把在一级市场上承销证券和二级市场交易证券的金融机构称为投资银行。

投资银行以其强大的盈利能力而为世人所瞩目。以最常见的股票发行业务为例，投资银行一般要抽取7%的佣金，也就是说，如果客户发行价值100亿美元的股票，投资银行就要吃掉7亿美元。

在公司并购业务中，投资银行同样大赚特赚。19世纪80年代以来，美国至少经历了四次公司并购浪潮，这就为投资银行提供了相当可观的收入来源。近年来欧美动辄发生价值几百亿甚至几千亿美元的超级兼并案，如美国在线兼并时代华纳、沃达丰兼并曼内斯曼、惠普兼并康柏等，背后都有投资银行的推波助澜。因为，兼并业务的技术含量很高，利润又很丰厚，一般被认为是投资银行的核心业务，从事这一业务的银行家是整个金融领域最炙手可热的人物。

信托投资公司：受人之托代人理财的机构

1979年10月，以中国国际信托投资公司的成立为标志，揭开了新中国金融信托业发展的序幕。而在经历了推倒重来、整改和起死回生的洗礼后，信托投资公司已经成为我国金融体系中不可或缺的重要力量。但是在我国，信托投资公司的业务范围主要限于信托、投资和其他代理业务，少数确属需要的经中国人民银行批准可以兼营租赁、证券业务和发行一年以上的专项信托受益债券，用于进行有特定对象的贷款和投资，但不准办理银行存款业务。此外，信托投资公司市场准入条件还非常严格，比如信托投资公司的注册资本不得低于人民币3亿元，并且其设立、变更、终止的审批程序都必须按照金融主管部门的规定执行。

信托投资公司都有哪些种类？它们的发展现状又如何呢？

信托投资公司是这样一种金融机构：它以受托人的身份代人

理财；它的主要业务：经营资金和财产委托、代理资产保管、金融租赁、经济咨询、证券发行及投资等。信托投资公司与银行信贷、保险并称为现代金融业的三大支柱。

我国信托投资公司主要是根据国务院关于进一步清理和整顿金融性公司的要求建立。信托业务一律采取委托人和受托人签订信托契约的方式进行，信托投资公司受委托管理和运用信托资金、财产，只能收取手续费，费率由中国人民银行会同有关部门制定。

信托投资公司与其他金融机构无论是在其营业范围、经营手段、功能作用等各个方面都有着诸多的联系，同时也存在明显的差异。从我国信托业产生和发展的历程来看，信托投资公司与商业银行有着密切的联系和渊源。在很多西方国家由于实行混业经营的金融体制，其信托业务大都涵盖在银行业之中，同时又严格区分。在此以商业银行为例，与信托投资公司加以比较，其主要区别体现在以下方面：

其一，经济关系不同。信托体现的是委托人、受托人、受益人之间多边的信用关系；银行业务则多属于与存款人或贷款人之间发生的双边信用关系。

其二，基本职能不同。信托的基本职能是财产事务管理职能，侧重于理财；银行业务的基本职能是融通资金。

其三，业务范围不同。信托业务是集"融资"与"融物"于一身，除信托存贷款外，还有许多其他业务，范围较广；银行业务则是以吸收存款和发放贷款为主，主要是融通资金，范围较小。

其四，融资方式不同。信托机构作为受托人代替委托人充当直接筹资和融资的主体，起直接融资作用；银行则是信用中介，把社会闲置资金或暂时不用的资金集中起来，转交给贷款人，起间接融资的作用。

其五，承担风险不同。信托一般按委托人的意图经营管理信托财产，在受托人无过失的情况下，一般由委托人承担；银行则是根据国家金融政策、制度办理业务，自主经营，因而银行承担整个存贷资金运营风险。

其六，收益获取方式不同。信托收益是按实绩原则获得，即信托财产的损益根据受托人经营的实际结果来计算；银行的收益则是按银行规定的利率计算利息，按提供的服务手续费来确定的。

其七，收益对象不同。信托的经营收益归信托受益人所有；银行的经营收益归银行本身所有。

其八，意旨的主体不同。信托业务意旨的主体是委托人，在整个信托业务中，委托人占主动地位，受托人受委托人意旨的制约；银行业务的意旨主体是银行自身，银行自主发放贷款，不受存款人和借款人制约。

信托投资公司的终极目标就是让信托产品覆盖面广，业务门类齐全，把信托投资公司办成一个大型的金融超市。同时整合自身资源，扩大自身实力，使信托投资公司真正成为全能银行。目前我国的信托投资公司还需要扩大自身影响力，要有全球化的国际营销视野，这样才能发展得更好！

第八章 怎样让钱生钱
——每天懂点个人理财知识

存款储蓄：最传统的理财方式

投资理财计划中，一个最重要的环节是储蓄。储蓄这个"积谷防饥"的概念在中国人眼中并不陌生，但在西方国家则不同。当今西方国家的年轻人多数只懂得消费，已经忘记了储蓄，美国的人均储蓄率是负数。意思是美国人不单没有储蓄，反倒先使未来钱，利用信用卡大量消费，到月底发工资时才缴付信用卡账单，有些更已欠下信用卡贷款，每个月不是缴费，而是偿还债务。

储蓄是一种习惯，是一种积少成多的"游戏"。每个月开始之前先把预定的金额存起来，这对日常生活没有很大的影响；相反，把钱放在口袋里，最后都是花掉，连花到哪里也忘记了。

很多人错误地认为，只要好好投资，储蓄与否并不重要。实际上，合理储蓄在投资中是很重要的。储蓄是投资之本，尤其是对于一个月薪族来说更是如此。如果一个人下个月的薪水还没有领到，这个月的薪水就已经花光，或是到处向人借钱，那这个人就不具备资格自己经营事业。要成功投资，就必须学会合理的储蓄。

很多人不喜欢储蓄，认为投资可以赚到很多的钱，所以不需要储蓄；有的人认为应该享受当下，而且认为储蓄很难，要受到限制；有的人会认为储蓄的利息没有通货膨胀的速度快，储蓄不合适。然而，事实并不是这样。

首先，不能只通过收入致富，而是要借储蓄致富。有些人往往错误地希望"等我收入够多，一切便能改善"。事实上，我们的生活品质是和收入同步提高的。你赚得愈多，需要也愈多，花费也相应地愈多。不储蓄的人，即使收入很高，也很难拥有一笔属于自己的财富。

其次，储蓄就是付钱给自己。有一些人会付钱给别人，却不会付钱给自己。买了面包，会付钱给面包店老板；贷款时，利息缴给银行，却很难付钱给自己。赚钱是为了今天的生存，储蓄却是为了明天的生活和创业。

我们可以将每个月收入的10%拨到另一个账户上，把这笔钱当作自己的投资资金，然后利用这10%达到致富的目标，利用90%来支付其他费用。也许，你会认为自己每月收入的10%是一个很小的数目，可当你持之以恒地坚持一段时间之后，你将会有意想不到的收获。也正是这些很小的数目成了很多成功人士的投资之源泉。

晓白工作已经有5年的时间，从一名普通的职员，慢慢做到公司的中层，薪水也一直稳中有升，月薪已有近万元，比上虽然不足，比下仍有余地。可是昔日的同窗，收入未必高过自己，可在家庭资产方面已经把自己甩在了后面。

随着晓白的年龄逐步向30岁迈进，可还一直没有成家。父母再也坐不住了，老两口一下子拿出了20万元积蓄，并且让晓白也拿出自己的积蓄，付了买房首付，早为结婚做打算。可是让晓白开不了口的是，自己所有的银行账户加起来，储蓄也没能超过六位数。

其实，晓白自己也觉得非常困惑。父母是普通职工，收入并不高，现在也早就退休在家。可是他们不仅把家中管理得井井有条，还存下了不少的积蓄。可是自己呢？虽说收入不算少，用钱不算多，可是工作几年下来，竟然与"月光族""白领族"没什么两样。不仅是买房拿不出钱来供首付，前两年周边的朋友投资股票、基金也赚了不少钱，纷纷动员晓白和他们一起投资。晓白表面上装作不以为然，其实让他难以开口的是，自己根本就没有储蓄，又拿什么去投资？

晓白出现这种情况的原因就是缺乏合理的储蓄规划。虽说储蓄是个老话题，然而在年轻人中间却始终是个普遍的问题。很多

像晓白这样的人，收入看上去不少，足够应对平时生活中的需要，可是他们就是难以建立起财富的初次积累。原因就在于，他们在日常生活中没有合理的储蓄规划。

随着时代的发展，今天的社会与从前发生了很大的变化，现实中许多人没有看到储蓄的任何好处。因为，现实中利息低、通货膨胀等因素确实都实实在在地存在着。从另一个角度来看，选择合理的储蓄方式，能够让优秀的投资者们成为千万富翁，优秀的投资者们可以轻而易举地在银行存折中多出 20% 或更多的金钱，通货膨胀甚至还会帮助他们。储蓄并不是一无是处的事情，相反，它还会给你带来很多好处。下面我们就来详细地剖析优秀的投资者们一定要储蓄的理由：

1. 持续的储蓄让你积累更多的投资基金

许多优秀的投资者都有一个错误的观点，他们认为投资会使自己自然而然地变得越来越富有。然而事实上，这是不可能实现的。也许优秀的投资者们并不认同我们的观点，也许他们会问：为什么投资不一定使自己变得富有呢？因为优秀的投资者的投资越多，风险也越大。也有的优秀的投资者会这么说："我同意储蓄，但我的方法是每年储蓄一次，把全年需要储蓄的金额一次放到银行里不就行了！"我们不得不说，这种想法也是很难实现的。

2. 储蓄是善待自己的最好方法

说到善待自己，许多优秀的投资者也许都会觉得他们正在这么做，他们会每天吃最好的食物、把自己打扮得美丽动人、享受艺术与娱乐带来的休闲乐趣，但这一切在我们看来不过是表面的浮夸罢了。优秀的投资者们都忽视了一点：他们正在持续地付钱给别人，可从来没有付给过自己。买了最好的食物，他们会付钱给厨师或食品店老板；打扮自己，他们会付钱给美容院和理发师；享受艺术与娱乐带来的乐趣，他们会付钱给电影院和酒吧……

但是优秀的投资者们什么时候付钱给过自己？在你们的生活中，自己的地位应该不亚于厨师、理发师和电影院老板吧！

优秀的投资者们应该付钱给自己，而这正是通过储蓄来实现的。每个月将收入的固定一部分（可能是10%或者15%）存入自己的账户，这样一来，优秀的投资者们就可以利用这笔钱达到致富的目标。这样做以后，优秀的投资者们将会发现：除了生活所需的费用之外，自己还拥有了10%或15%的储蓄。

3. 积累原始资本

储蓄还能够帮助优秀的投资者们进行原始资本的积累。优秀的投资者们可以用固定的一部分收入来进行这种资本的投入。假设这部分资本金的固定额度是家庭总收入的10%，那么优秀的投资者们应该如何累计这部分资本呢？首先，优秀的投资者们需要开设一个存储账户，每个月初，将收入的10%存入这个账户；要把持住自己，任何时候都不要轻易动用这个账户里的钱；找到适当的机会，用这个账户里的钱进行投资；当这个账户里的金额越来越多时，优秀的投资者们将得到更多的投资机会和安全感。

债券投资：储蓄的近亲

债券作为一种重要的融资手段和金融工具，以其风险小、信用好等优势赢得了很多投资者的青睐。债券是一种有价证券，是社会各类经济主体为筹措资金而向债券投资者出具的，并且承诺按一定利率定期支付利息和到期偿还本金的债权债务凭证。由于债券的利息通常是事先确定的，所以，债券又被称为固定利息证券。

债券相较于其他的投资产品，是一种较为保守的投资方式，但是其安全性的确吸引了不少人的目光。尤其是对于那些年龄较大、缺乏投资经验、追求稳健的投资者来说，债券就是他们心目中较为理想的投资对象。

美国微软公司董事长比尔·盖茨向大众透露了他的投资理念，他认为，把宝押在一个地方可能会带来巨大的收入，但也会带来同样巨大的亏损。对待股市，他就是持着这样的看法。在股市上投资时，为了能分散甚至是规避这些风险他经常采用的方法就是利用债券市场。

一般，盖茨会在买卖股票的同时，将自己建立的"小瀑布"投资公司控制的资产投入债券市场，特别是购买国库券。当股价下跌时，由于资金从股市流入债券市场，故而债券价格往往表现为稳定上升，这时就可以部分抵消股价下跌所遭受的损失。

从投资效果看，盖茨这样的组合投资已取得相当好的成绩，他的财富几乎总是以较快的速度增长。而在概括投资战略时，盖茨说："你应该有一个均衡的投资组合。投资者，哪怕是再大的超级富豪，都不应当把全部资本压在涨得已经很高的科技股上。"

有人戏称债券是理财的天堂，认为在众多的金融产品中，债券独受宠爱，是投资者眼中较为理想的投资对象，尤其是对那些厌恶风险的投资者来说，债券简直是最好的选择。

对于投资来说，每种投资项目都有其优势，你如果不熟悉地掌握其特点，就不可能对其加以利用，扬长避短。那么，债券到底有什么优点？

其一，较高的安全性。债券一般是由相关的机构直接向社会发行的，与企业和政府相关机构挂钩，但与它们的业绩没有联系，收益比较稳定。一般政府的债券有绝对的安全性，而对于企业的债券，只要它不违约，就能够保证投资者的利益。

其二，较好的流动性。投资者可以直接进入市场进行交易，买卖自由，变现性颇高，且不会在转让时在价值上出现很大损失。

其三，扩张信用的能力强。由于国债安全性高，投资者用其到银行质押贷款，其信用度远高于股票等高风险性金融资产。投资者可通过此方式，不断扩张信用，从事更大的投资。

其四，收益性略高。对投资者来说，债券属于"比上不足，比下有余"的类型。它的收益高于银行存款，但低于股票投资。可是它又比股票投资稳定，所以，很适合略趋保守的投资者。

正是因为以上这些优点，人们才愿意选择债券作为自己的投资项目。一般情况下，即使经济环境有所变化，债券的收入也大都会很稳定，不会受到太大的影响，投资者大可放心。

基于上述种种优势，许多投资者都把目光聚集到它身上，并且公认其为个人投资理财的首选。

众所周知,在做任何事的时候,你若能在事前了解其原则,抓住其规律,就必能在行动时事半功倍。同理,在决定投资债券之前,投资者须先清楚一下债券投资的原则,这样就能在投资时取得更好的效果。

债券投资的基本原则主要有三个:安全性原则、流动性原则、收益性原则,经常被人称为债券投资原则之"三足鼎立"。这三个原则是债券投资中必须要遵守的内容,是最基本的原则。

第一足:安全性原则。说债券是安全的投资方式,也只是相对而言。比起股票、基金等,它的确安全很多。但实际上,除了国债,其他债券也都是有风险的。因为债券根据发行的主体不同,可主要分为企业债券、国债、金融债券三类。国债暂且不论,仅从企业债券看,如果企业运营的安全性降低或因经营不善而倒闭,就会有违约的危险。因此,本着安全第一的原则,你最好在投资债券的时候,利用组合理论,分别投资多种债券,以分散风险。

第二足:流动性原则。流动性原则是指收回债券本金的速度快慢。债券的流动性越强,就越能以较快的速度转化成货币,也就越减少在这个过程中的无形损失;反之,则可能影响甚至大大削弱资产的价值。一般而言,债券的期限越长,流动性越差,由于外界各种因素的变化,容易造成无形损失,相对也就不适合投资;而期限越短则相反。债券根据不同的类型,流通性不同。一般政府发行的债券流通性较高,在市场上交易方便。而企业发行的债券则根据具体企业的情况而有所不同,比较之下,大企业的债券流动性更好些。

第三足：收益性原则。任何一个投资者进行投资的目的都是获取利润，债券也不例外。因此，投资者都非常关心债券的收益率。而仅从收益上来说，短期收益率要受市场即期利率、资金供求的影响，而长期收益率要受未来经济的增长状况、通货膨胀因素等不确定性因素的影响，所以收益也可能会有所波动。

在众多债券中，国债因其是依靠政府的财政，有充分的安全保障，所以没什么风险；而企业发行的债券则存在是否能按时偿付本息的风险。不过，大多数情况下，企业发行的债券收益比国债要高，如果投资者选择的企业是大企业，就会略有保障。

以上便是投资债券的原则。对于刚开始进行投资的投资者，在选择债券的时候，应当在考虑自身整体资产与负债状况的基础上，遵守投资原则的要求，只有这样才可能避免血本无归，空忙一场。

黄金投资：用黄金挽救缩水的钱包

欧先生是从 2007 年底开始炒"纸黄金"的。2008 年初，他追高入市，结果被深套。但他遇到了一个好时机，2008 年四五月开始，黄金市场走出了一波大行情，2008 年累积涨幅已经达到了 40% 左右。得益于金价的大涨，欧先生不仅解了套，还小有盈利。

2009 年，欧先生打算转战兴业银行推出的实物黄金业务。"即使不想炒了，也可以提取实物，不会贬值啊。"欧先生乐观地表示。

黄金，一个足以令人耳热心跳的名字！因其稀少、特殊和珍贵，自古以来被视为五金之首，有"金属之王"的称号，享有其他金属无法比拟的盛誉。在投资市场上，黄金的地位也非常高，投资者们仍十分喜欢购买黄金。因为，黄金不仅由于其本身的稀缺性而有较高的商业价值，还有着重大的美学价值。正因如此，与其他投资方式相比，投资黄金突显其避险保值功能。因此，投资黄金成为一种稳健而快捷的投资方式。

1. 黄金投资基本无风险

黄金投资是使财产保值增值的方式之一。黄金的保值增值功能主要体现在它的世界货币地位、抵抗通货膨胀及政治动荡等方面。黄金可以说是一种没有地域及语言限制的国际公认货币。也许有人对美元或港币会感到陌生，但几乎没有人不认识黄金。世界各国都将黄金列为本国最重要的货币之一。

黄金代表着最真实的价值——购买力。即使是最坚挺的货币也会因通货膨胀而贬值，但黄金却具有永恒的价值。因此，几乎所有的投资人都将黄金作为投资对象之一，借以抵抗通货膨胀。黄金之所以能够抵抗通货膨胀，主要是因为它具有高度的流通性，全球的黄金交易每天24小时进行，黄金是最具流通能力的资产。除此之外，黄金还有另一个受人青睐的特性：黄金在市场上自由交易时，其价格可与其他财物资产的价格背道而驰。事实证明，黄金的价格与其他投资工具的价格是背道而驰的，与纸币的价值也是背道而驰的。

黄金不仅是抵抗通货膨胀的保值工具，还可对抗政治局势的不稳定。历史上许多国家在发生革命或政变之后，通常会对货币的价值重新评估，但不管发生了多么严重的经济危机或政治动荡，黄金的价值是不会降低的，通常还会升高。

2. 黄金不会折旧

无论何种投资，主要目的不外乎是使已拥有的财产保值或增值，即使不能增值，最基本的也应维持在原有价值水平上。如果财产价值逐渐减少的话，就完全违背了投资的目的。最符合这种标准的莫过于黄金了。

3. 黄金是通行无阻的投资工具

只要是纯度在99.5%以上，或有世界级信誉的银行或黄金运营商的公认标志与文字的黄金，都能在世界各地的黄金市场进行交易。

4. 黄金是投资组合中不可缺少的工具

几乎所有的投资理论都强调黄金投资的重要性，认为在投资组合中除拥有股票及债券等外还必须拥有黄金。特别是在动荡不安的年代，众多的投资人都认为只有黄金才是最安全的资产。由于害怕其他财物资产会因通货膨胀等而贬值，人们都一致把黄金作为投资组合中不可缺少的部分。

5. 黄金也是一种艺术品

目前，我国黄金市场上的金条、金砖都已经工艺化、艺术化了，金条、金砖的外部构图，都可以说是精美绝伦的。

目前，市场上的黄金品种主要有：黄金的实物交易、纸黄金交易、黄金现货保证金交易、黄金期货这四种。那么究竟哪种适合自己，还要看个人的风险偏好及对黄金市场的了解程度。具体介绍如下。

（1）黄金的实物交易。

顾名思义，是以实物交割为定义的交易模式，包括金条、金币，投资人以当天金价购买金条，付款后，金条归投资人所有，由投资人自行保管；金价上涨后，投资人携带金条，到指定的收购中心卖出。

优点：黄金是身份的象征，古老传统的思想让国人对黄金有着特殊的喜好，广受个人藏金者青睐。

缺点：这种投资方式主要是大的金商或国家央行采用，作为自己的生产原料或当作国家的外汇储备。交易起来比较麻烦，存在着"易买难卖"的特性。

（2）纸黄金交易。

什么叫纸黄金？简单一点来说，就相当于古代的银票。投资者在银行按当天的黄金价格购买黄金，但银行不给投资者实金，只是给投资者一张合约，投资者想卖出时，再到银行用合约兑换现金。

优点：投资较小，一般银行最低为10克起交易，交易单位为1整克，交易比较方便，省去了黄金的运输、保管、检验、鉴定等步骤。

缺点：纸黄金只可买涨，也就是说只能低买高卖，当黄金价格处于下跌状态时，投资者只能观望。投资的佣金比较高，时间比较短。

（3）黄金现货保证金交易。

通俗地说，打个比方，一个100块钱的石头，你只要用1块钱的保证金就能够使用它进行交易，这样如果你有100块钱，就能拥有100个100块钱的石头，如果每个石头价格上涨1块，变成101块，你把它们卖出去，这样你就净赚100块钱了。保证金交易，就是利用这种杠杆原理，把资金放大，可以充分利用有限资金来以小博大。

（4）黄金期货。

现货黄金交易基本上是即期交易，在成交后即交割或者在数天内交割。期货黄金交易主要目的为套期保值，是现货交易的补充，成交后不立即交易，而由交易双方先签订合同，交付押金，在预定的日期再进行交割。主要优点在于以少量的资金就可以掌握大量的期货，并事先转嫁合约的价格，具有杠杆作用。黄金期货风险较大，对专业知识和大势判断的能力要求较高，投资者要在入市前做足功课，不要贸然进入。

收藏品投资：艺术与理财的完美结合

俗话说："盛世玩古物，乱世收黄金。"当金融危机逐渐远离，经济稳步发展的时候，人们将越来越多的目光投到资产保值、升值上。收藏品的种类有很多，最初人们热衷于古玩、名家字画，现在一些新奇特的艺术品也都被列入了收藏品的范围。

如今，随着人们文化素质的不断提高，古玩、名人字画之类的收藏品也越来越受到大众的重视。民间收藏现在已经成为收藏界的主力军。据介绍，目前全国已有民间收藏品交易市场和拍卖行200余家，人们从事收藏，除了它们自身珍贵的艺术、历史意义之外，它们的经济价值也越来越高。

收藏品主要有如下几个大类：书画、古籍善本、瓷器、陶器、玉器、赌石、奇石、家具、印纽、金石、各种材质的雕刻艺术品、古今钱币、邮品单证、各种刺绣、茶品、琴棋、古今兵器、车辆等，还有火花、民间剪纸、皮影等民俗。如果嗜好动物也算一种收藏行为的话，有些人也喜欢收藏名贵的品种，比如古人有圈养良驹骏马的习惯。

某些收藏品的时空分为：高古、远古、明清、近代、现代，也有收藏横跨整个人类社会活动的时空的藏品。

总之收藏是一种涉及范围很广的人类社会活动和兴趣爱好。随着民间收藏的日益兴盛，收藏品种类越来越多，从过去的古玩工艺品、名人字画收藏已经发展到现在的火花、票证、奇石、连环画等，连神舟飞船的一些实物都被爱好者收藏。

据最新资料显示，目前我国收藏品的种类达7400多种，老式家具、瓷器、字画、打火机、邮票、纪念币、拴马桩都成为新的收藏热点，在一些拍卖会上经常有藏品被拍出惊人高价，一些有实力的企业和个人也纷纷投入这一前景看好的行业，这些企业和个人收藏的数量之多、品种之全、品位之高令人瞠目，由收藏品众多而举办的民间博物馆也越来越多。而且，民间收藏有利于发掘、整理历史和文化资料。

对于许多收藏投资者来说,把握收藏投资的基本方向,使自己在浩瀚无边的艺术海洋中不会迷失方向,这是最重要的问题。有一些老一辈收藏者收藏效果不好,花大代价买入一大堆文化垃圾。其实,很多时候,其收藏不利的原因不在于财力不够,也不在于心态不端,热衷于暴富神话,更根本的原因是没有处理好收藏投资的基本原则问题。

收藏投资的基本原则简要概括为九字箴言:真、善、美、稀、奇、古、怪、精、准。其奥妙在于收藏的实践活动中能灵活运用,举一反三,融会贯通,要求对每一藏品都得用九字原则在九个方面或者更多方面上进行全方位评估。九字箴言合理内涵是:

1. "真"即藏品必须是真品

这是收藏的前提条件,任何伪或劣藏品均无收藏意义,存真去伪永远是收藏的主旋律。在兴趣和嗜好的引导下,潜心研究有关资料,经常参加拍卖会,游览展览馆,来往于古玩商店和旧货市场之间。有机会也不妨"深入"到穷乡僻壤和收藏者的家中,多看,多听,少买,在实践中积累经验,不断提高鉴别收藏真品的水平,此外要大量地阅读古玩或艺术品图录,以学者的严谨态度认真研究,寻找同类规律或同时代风格等,这种严谨的态度是收藏成功与否的保证。藏家如有电视剧描写的人物:唐代狄仁杰断案的精明,宋代提刑官宋慈的逻辑严谨,分析透彻灵便,在收藏领域不成功也难。

2. "善"即藏品的器形

存在的形式在藏家的位置及心理的地位。比如帝王的印玺,名人的印章，官窑瓷品的创新精品，文房用品，宋元字画，玉雕神品，青铜重器，皇家或名人注录的藏品，等等；对收藏品要树立长期投资的意识，这样的收藏品投资是一种长期投资，只有长期持有，就能获利丰厚。

3. "美"即藏品的艺术性表现出来使人愉悦的反映

文物是文化之物，也是文化的载体，艺术性是评判文物价值最重要的准绳。人们不会忘记秦兵马俑的雄伟，汉马踏飞雁铜奔马的洒脱及姿态的优美，宋代书画的线条描绘的繁华，人物的动感传神，以及宋代字体独特字迹的稳重和狂草的不拘一格，宋代官瓷的宁静致远，小中见大，等等，好的艺术精品会摄人魂魄，让人神交，产生共鸣。

4. "稀"即稀有

"稀"，对藏品的主观评测来讲，指稀有，也是存世量的小。

稀有性要求以存量小来凸显藏品的存在价值，比如玉的数量因受资源限制数量远远少于瓷器，唐宋元时期的字画因年代久远不易保存，数量往往珍稀，近现代字画存世量大，其价值往往不尽如人意（商业欺诈、恶意炒作除外），等等。

5."奇"即具有特点

"奇"是指艺术性中的个体特征，有特点并且符合人们的审美情趣，越会吸引艺术市场细分化的艺术观众群体。有些古玩存世量不多，但往往是不足为"奇"，因而，影响力不足。

6."古"和"怪"即年代越古越好

"古"是时空的概念，也只有艺术性强的古代艺术品，才会有沧海桑田的感受，才会有数量珍稀、制作难度大的联想。"怪"与"奇"相似，"怪"更侧重于代表性，表现形式的张扬和个性的特别，如三星堆铜器艺术表现的独特。

7."精"而"准"即选择收藏品要少而精，且量财力而行

收藏品种类繁多、范围广，应根据个人兴趣和爱好，选择其中的两三样作为投资的对象。这样，才能集中精力，仔细研究相关的投资知识，逐步变为行家里手。同时，选择收藏品还要考虑自身的支付能力。如果是新手，不妨选择一种长期会稳定升值的收藏品来投资或从小件精品入手。

投资收藏品，不仅是一种获取收益的手段，同时更是一门艺术，对投资者的眼光有着更高的要求。因此，掌握投资收藏品的方法，更多地学习收藏品的知识对投资者来说显得更加重要。

第九章 「看不见的手」
——每天懂点金融调控与政策知识

金融调控：当亚当·斯密遇见凯恩斯

几个世纪以来，围绕着政府与市场间的界限问题，很多经济学家和政治家、企业家都争议不断，甚至到了今天，自由派和保守派都还在为政府是否应在教育、医疗、扶贫等方面进行干预而进行讨论。实际上，政府逐渐侵占了市场的地盘，为什么呢？

"冬去春花次第开，莺飞燕舞各徘徊。疾风骤雨旦夕至，高唱低吟有去来。"这首古诗说的是自然界自有其生杀消长、生生不息的规律，市场经济也同样有其运作的规律。但同时，市场经济在运作中也会出现种种问题，比如资源配置不协调等矛盾，这就需要政府发挥宏观调控的作用。在宏观调控中，金融调控是必不可少的一环。

金融调控是指国家综合运用经济、法律和行政手段，调节金融市场，保证金融体系稳定运行，实现物价稳定和国际收支平衡。金融调控是宏观经济调控的重要组成部分。在现代经济生活中，金融调控职能主要由中央银行来履行。中央银行通过货币政策调控货币总量及其结构，通过保持货币供求总量和结构的平衡来促进社会总需求与总供给的均衡。1993—1999年，我国执行的是适度从紧的货币政策，1999—2007年我国执行的是稳健的货币政策，从2008年起，我国开始执行从紧的货币政策。从紧货币政策是为防止经济增长过热和通货膨胀所采取的宏观调控政策，其内涵包括两方面：一是人民银行通过货币政策工具减少货币供应量，控制信贷规模过快增长；二是严格限制对高耗能、高污染和产能过剩行业中落后企业贷款投放，加大对"三农"、中小企业、节能环保和自主创新等薄弱环节的支持。

在现代市场经济的发展中，市场是"看不见的手"，而政府的引导被称为"看得见的手"。为了克服"市场失灵"和"政府失灵"，人们普遍寄希望于"两只手"的配合运用，以实现在社会主义市场经济条件下政府职能的转变。可见宏观调控在经济活动中的作用。

宏观调控亦称国家干预，就是国家运用计划、法规、政策等手段，对经济运行状态和经济关系进行干预和调整，把微观经济活动纳入国民经济宏观发展轨道，及时纠正经济运行中偏离宏观目标的倾向，以保证国民经济持续、快速、协调、健康发展。而在多种调控手段中，金融调控往往是最为关键的环节。

通常，中国的金融调控手段主要从以下五个方面入手：一是央行将着力于正确处理内需和外需的关系，进一步扩大国内需求，适当降低经济增长对外需、投资的依赖，加强财政、货币、贸易、产业、投资等宏观政策的相互协调配合，扩大消费内需，降低储蓄率，增加进口，开放市场来推动经济结构调整，促进国际收支趋于平衡。

二是改善货币政策传导机制和环境，增强货币政策的有效性,促进金融市场的发育和完善,催化金融企业和国有企业改革,进一步转换政府经营管理,完善间接调控机制,维护和促进金融体系稳健运行。

三是积极稳妥地推进利率市场化改革,建立健全由市场供求决定的、央行通过运用货币政策工具调控的利率形成机制,有效利用和顺应市场预期,增强货币政策透明度和可信度。

四是加强货币政策与其他经济政策间的协调配合,加强货币政策与金融监管的协调配合,根据各自分工,着眼于金融市场体系建设的长期发展,努力促进金融业全面协调可持续发展,加强货币政策与产业政策的协调,以国民经济发展规划为指导,引导金融机构认真贯彻落实国家产业政策的要求,进一步优化信贷结构,改进金融服务。

五是进一步提高金融资金,主动、大力拓展债券市场,鼓励债券产品创新,推动机构投资者发展,加大对交易主体和中介组织的培育,加快债券市场基础制度的建设,进一步推进金融市场协调发展。

金融调控是宏观调控的重要组成部分,它与战略引导、财税调控一起构成宏观调控的主要手段,互相联系,互相配合,共同的目标是促进经济增长,增加就业,稳定物价,保持国际收支平衡。相对而言,金融调控侧重于国民经济的总量和近期目标,但是为宏观经济内在的规律所决定,其作用也必然影响到长远目标。

在市场经济的发展中,市场是"看不见的手",而政府的调控被称为"看得见的手"。"看不见的手"促进大多数国家的市场发展，"看得见的手"为市场搭建法律和管理框架，两者完美结合，才会让市场更完善，经济发展更迅速，缺了任何一个，都会像小儿麻痹患者一样，走路不稳，容易摔倒。因此，为了克服"市场失灵"和"政府失灵"，人们希望"两只手"配合运用，实现在社会主义市场经济条件下政府职能的重要转变。

宏观调控：看得见的物价，看不见的手

英国经济学家凯恩斯在其著名的《就业、信息和货币通论》一书中记述了这样一则寓言：

乌托邦国处于一片混乱之中，整个社会的经济处于完全瘫痪的境地，工厂倒闭，工人失业，人们无家可归，饿殍遍野，人们束手无策。这个时候，政府采用了一个经济学家的建议，雇用200人挖了一个很大很大的大坑。这200人开始购买200把铁锹，于是，生产铁锹的企业、生产钢铁的企业、生产锹把的企业相继开工了，接下来工人开始上班、吃饭、穿衣……于是，交通部门、食品企业、服装企业也相继开工了，大坑终于挖好了；然后，政府又雇用200人把这个大坑再填埋上，这样又需要200把铁锹……萧条的市场就这样一点点复苏了，启动起来了。经济恢复之后，政府通过税收，偿还了挖坑时发行的债券，一切又恢复如常了，人们在灿烂的阳光下过着幸福的生活……

这则寓言说明了一个深刻的道理：国家的经济陷入危机的时候，国家要担当起自己的责任，应该采用宏观调控的办法干预经济生活，使经济走上正常的轨道。

在斯密那只"看不见的手"的指引下，英国的经济首先呈现出高速的发展，然后美国、欧洲的经济都获得了空前的发展。但是到了1929年，形势急转直下，世界范围内爆发了一场空前的经济危机。这个时候人们才发现，斯密的那只"看不见的手"失灵了，这就是人们常说的"市场失灵"。与此同时，在经济生活中，人们意外地发现了另外一只手，发现有一只让人们"看得见的手"在挥舞，它开始频繁地进入人们的经济生活，这只"看得见的手"指什么呢？其实这只"看得见的手"就是指"国家对经

济生活的干预"。对市场的失灵，政府并不是无所作为的，不能坐而视之，而应该通过适当干预，刺激市场、启动市场，解决社会存在的经济问题。就像寓言中那样，在整个社会经济不好的时候，国家积极地进入了角色，开始干预经济生活，稳定社会的经济。

这只"看得见的手"曾一度使整个资本主义经济从危机的泥沼中走出来，并使资本主义社会的经济在世界范围内蓬勃发展。那么，国家是通过什么办法来调控整个社会经济的呢？

国家主要是通过财政政策和货币政策在宏观上对经济进行调控的。财政政策主要依靠消费、投资、出口这三辆马车；货币有汇率的变动、利息率的变动、货币发行量的变动、发行国债等，都会对一国的经济走势起到宏观调控的作用。

也就是从凯恩斯那个时候开始，各国分析和预测经济问题的视角发生了彻底的转变。过去人们重视微观经济问题，也就是个人、家庭、企业对社会经济的影响；而现在人们更看重宏观经济的问题了。一个经济学家这样比喻：比如在剧场里看戏，当一两个人站起来的时候，这相当于微观经济，我们自己说了算；当全场的人都站起来的时候，这就是宏观经济了，这个时候每一个个人都无法左右全场的局面，他只能想办法去适应这个局面。

在亚当·斯密发现"看不见的手"之后，市场规律指导资本主义经济繁荣了150多年；凯恩斯倡导的宏观调控，又让资本主义经济蓬勃发展了近50年。然而，事实证明，宏观调控也不是万能的。

例如，20世纪80年代的日本，由于国际贸易顺差较大，在美国等的压力下于1985年签署了《广场协议》，此后，日元开始迅速升值，兑美元汇率从 1985 年 9 月的 240：1 一直上升至 1988 年的 120：1，整整升值了一倍。由于担心出口下滑、经济减速，日本采取了扩张性政策，放松银根，利率从 5% 降到 2.5%、货币供应增幅是名义 GDP 增速的 2 倍，出现了流动性过剩，资金大量涌入股票和房地产市场，形成了市场泡沫。

1985—1990 年，日本的土地资产总值增长了 24 倍，达到 15 万亿美元，相当于同期 GDP 的 5 倍，比美国土地总值多 4 倍。同期日经指数从 12000 点上升到 39000 点，股票总价值增加了 47 倍，市盈率 1989 年达到 70.6 倍（但日本股票收益率仅为 0.4%～0.7%，只有同期欧美企业的 1/6 左右）。1986—1989 年，日本国民资产总额增加了 2330 万亿日元，其中 60% 以上为地价、股价上涨所带来的增值收益。

等到经济泡沫破灭后，股价从 1989 年最高时的 39000 点下跌到 1992 年的 14000 点，2004 年达到最低的 7600 点，跌幅高达 80%；房价跌幅也高达 70%。股票和地价造成的资产损失相当于 GDP 的 90%，达 5 万亿—6 万亿美元。虽然此后政府采取了刺激经济的措施，不断降低利率，但又陷入"流动性陷阱"，零利率政策不起作用；加之扩大内需政策缺乏连续性，致使经济陷入十多年的大萧条，出现了银行坏账、设备、人员三大过剩，日本经济长期处于滞胀状态。

同样，在当前世界金融危机的威胁下，虽然各国的经济刺激方案纷纷出台，但并没有取得预期的效果，宏观调控显得越来越力不从心。

这是因为以信息技术为基础的全球化经济打破了传统工业社会中的主权经济、主权社会和主权政治的统一性，正成为当今世界发展中的基本矛盾。主权经济、主权社会和主权政治的重合缺失增加了主权国家宏观经济调控和社会管理的难度。

也就是说，全世界的经济依然成为全球互相依赖的基础，但是各个国家依然是主权国家。进一步说，在国际经济中，关税、出口配额、汇率、统计口径、生产要素等是一个主权国家可以控制和管理的，但又不完全取决于一个国家的选择。在这样的情况下，主权国家的经济社会政策会造成出乎政策制定者们预料的结果，有时甚至会造成相反的效果。这犹如在传统的工业社会中，企业是市场的主体，不同企业之间进行竞争和博弈，采取各自的策略，有时会造成市场不公平竞争，最后不得不由政府出面进行宏观调控，保持经济的稳定增长和社会秩序。在经济全球化下，全球市场的失灵会造成不公平竞争和主权国家宏观调控政策的失灵。

财政调控：国家履行经济职能的基础

财政，也称国家财政、政府财政或公共财政，是指以国家为主体，通过政府税收、预算等收支活动，用于履行政府职能和满足社会公共需要的经济活动。

财政在整个国民经济运行中具有重要地位。因为全社会的最终需求有不同性质的两类：一类是食品、衣物等个人消费品以及企业生产经营所需要的生产资料，通称"私人物品或服务"；另一类是行政管理、国家安全、环保等"公共物品或服务"。由于私人物品或服务的获得具有排他性和竞争性，其交易活动要求双方利益边界清楚，并通过市场实现；而公共物品或服务的需要和消费是公共的和集合的，市场对这些物品的提供是失效的，只能由政府并通过财政的物质支撑加以满足。

市场经济条件下，财政发挥着市场不可替代的关键作用。其主要作用：一是为国家履行其职能提供经济基础，并为国家通过直接配置公共资源来间接引导全社会资源的市场配置创造前提条件。二是财政政策与货币政策、收入政策、产业政策一起构成国家宏观调控的重要政策手段。三是财政具有再分配功能，是国家调节收入分配的重要工具。

财政调控的手段主要有：国家预算、税收、财政支出和国债等。

国家预算。国家预算是国家为实现其职能需要、有计划地筹集资金，使用由国家集中掌握的财政资金的重要政策工具，是国家的基本财政收支计划。国家预算包括中央预算和政府预算。中央预算是我国财政政策的主要工具，它对经济总量、经济结构和各经济层面都发挥着调节作用。其调节功能主要在年度财政收支规模、收支差额和收支结构中预先制定，并通过预算执行中的收支追加追减，以及收支结构变化等实现。

税收。税收是国家为实现其职能需要，凭借其政治权力，按照预定标准，无偿地取得的一种强制性的财政收入，也是国家进行宏观调控的工具之一。其调节作用的实现形式主要是确定税率、分配税负，以及税收优惠和惩罚。

税收对经济的调节作用主要有：一是影响社会总供求。这种影响因税种不同而不同。流转税的征税效应侧重于总供给，提高流转税率可以限制供给；反之会增加供给。所得税的征税效应侧重于总需求。政府可以根据税收的自动稳定器作用，制定相机抉择的增减税措施，减缓经济波动。二是通过调整税率影响产业结构，限制或促进某些产业发展。三是通过征收累进所得税和社会保险税等有效调节收入分配，维护社会稳定，实现社会公平。

财政支出。财政支出是政府为履行其职能，将由其集中掌握的社会资源（或资金）按照一定的政治经济原则，分配、运用于满足社会公共需要各种用途的过程和耗费资金的总和，是宏观经济调控工具之一。

国债。国债是中央政府通过中央财政，按照信用原则，以债务人身份在国内外发行债券或向外国政府和银行借款所形成的债务。债券或借款要还本付息。国债以国家信誉为担保，比其他信用形式可靠和稳定，因而又称其为"金边债券"。国债政策是国家根据宏观经济发展要求，通过制定相关政策对国债发行、流通等过程实施有效管理，实现对宏观经济有效调控的目的。国债产生的主要动因是弥补财政赤字。但随着社会经济的不断发展，信用制度的日臻完善，国债政策已经成为一项较为成熟的财政政策工具，在平衡财政收支、调节经济运行和影响货币政策等方面发挥着日益重要的作用。

中央银行通过买卖国债的公开市场业务操作，吞吐基础货币，调节货币供应量，为货币政策服务，国债又成为连接财政和货币两大政策手段的桥梁。

财政的基本功能主要有以下几个方面：一是资源配置功能。通过财政再分配，将国民总收入的一部分集中起来，形成财政收入；通过财政支出活动，引导社会资金流向，为社会公共需要提供资金保障。二是收入分配功能。通过税收、转移支付、补贴等财政手段调整社会成员间、地区间的收入分配格局，实现社会公平的目标。三是稳定经济功能。通过实施财政政策，对宏观经济运行进行调节，促使总供求基本平衡，调整优化经济结构，实现社会经济的可持续发展。

我国社会主义市场经济体制下的财政职能，除具有上述财政的一般基本功能外，还具有社会主义基本制度内在要求的特殊性，即监督管理功能。通过对宏观和微观经济运行、对国有资产保值增值等营运、对财政管理工作自身等方面的监督管理，保证国家政令统一，提高财政支出效率，维护国家和人民的根本利益。

我国财政调控的范围很广，既有总量调控，又有结构调整；既包括对财政收入的组织，又包括对财政支出的规范。随着改革的逐步深化，财政调控方式也日臻完善。计划经济体制的高度集中、统收统支的直接调控模式已经被打破，直接调控、间接调控和法律规范相结合的调节格局基本形成，国民经济运行逐步走向规范化、法制化和市场化与必要的行政管理相结合的稳步发展轨道。

一方面，通过财政收支实现国家预算对供求总量的影响。财政收入一般反映财政参与国民收入分配过程的活动；财政支出是通过改变政府支出规模和方向，实现财政的资源配置、收入分配和稳定经济功能，体现政府宏观调控的意图。预算对经济调节的具体形态主要有三种，即赤字预算、盈余预算和平衡预算，分别反映财政政策的扩张性、紧缩性和中性政策取向。为了实现财政平衡或节余，政府主要采取偏紧的政策选择，即增加收入或减少政府公共工程等支出。因此，盈余政策可以对总需求膨胀起到有效抑制作用。平衡预算在总供求相适应时可以维持总需求的稳定增长。财政出现赤字时主要通过发行国债方式弥补，但为应对经济紧缩趋势，政府主要通过扩大预算赤字、直接增加政府支出方式，带动经济增长，实现供求平衡。因此，赤字预算政策在有效需求不足时作用明显。

另一方面，通过实施财政结构政策实现国家预算对经济结构调整的影响。在财政收支差额既定情况下，调整财政收支结构（主要是财政支出结构），调节宏观经济运行。一是通过降低（或提高）短线产品（长线或高利产品）的税率，引导社会资金投向"瓶颈"产业，缓解结构失衡；二是在供需结构失衡时，通过增加（或减少）财政投资，扩大（或抑制）社会有效供给（或需求），实现产业或产品结构调整的目的。

个人所得税：收入分配的调节器

埃及总统穆巴拉克，只知道穷人没有饭吃会造反，所以大饼便宜得很，保证人人能够吃饱肚皮。埃及有一种肚皮舞，跳得很美，它告诉你，肚皮吃饱了。但穆巴拉克不懂得贫富差距太大，人们吃饱了也还是要造反。最后，现代埃及法老穆巴拉克不得不逊位，并且献出自家几亿美元资产，以求破财免灾。

从经济学角度来说，不管人均 GDP 是高是低，只要贫富差距扩大化，就会引发社会革命。我国改革开放以来，分配体制改革不断深化，市场机制在国民收入初次分配中日益发挥基础性调节作用。但随着经济的不断发展，呈现出扩大的趋势，我国居民的收入差距在不断拉大，各国通过基尼系数来衡量财富分配是否平均，而我国的基尼系数已经超过了国际警戒线。过大的收入分配差距会导致一些矛盾，与建设社会主义和谐社会显得很不协调。

个人所得税是调整征税机关与自然人（居民、非居民人）之间在个人所得税征纳与管理过程中所发生的社会关系的法律规范的总称。自 1798 年在英国创立至今，已有 200 多年历史。很多国家都把它作为调节收入差距的重要税种。我国法律规定：凡在中国境内有住所，或者无住所而在中国境内居住满一年的个人，从中国境内和境外取得所得的，以及在中国境内无住所又不居住或者无住所而在境内居住不满一年的个人，从中国境内取得所得的，均为个人所得税的纳税人。

新税改以前，我国个人所得税存在较多问题。我国的个人所得税制度采用分类课征的方式，这种税制不利于调节高收入，缓解个人收入差距悬殊的矛盾。在公平性上存在缺陷，容易造成不同项目、不同纳税人之间的税负不公平。两种超额累进税率的施行，税率级别划分过多，税率计算烦琐，程序复杂，而且在一定程度上造成了税负不公，与国际上减少税率档次的趋势不相吻合，不利于征收与管理。全国使用统一的费用扣除标准，不能有效调节收入差距。我国不同地区的人均收入水平有一定差距，居民收入差距导致消费支出水平的不同。基于财税一般原理，税收起征点的定位在很大程度上体现着该种税收的功能指向，而"个税"起征点设计未能体现其基本功能。中国是一个发展中的大国，生产力发展水平与社会保障条件与发达国家相比存在很大差距，在收入分配差距不断拉大的背景下，"个税"功能指向理当定位于"富人税"。而且，税收征管不到位。缺乏记录个人取得收入的制度、纳税人编码制度、财富实名制等相关配套制度；税源控制不力，代扣代缴不到位。企业对不固定发放的其他形式的奖金、实物等不扣缴税款，导致代扣代缴难以全面落实到位；基础性配套制度不健全，影响了税收检查工作的开展；违反税法的行为惩罚力度不够。

税收作为国民收入再分配的重要手段，在调节社会成员收入差距方面有一定作用。开征个人收入所得税，实行累进税率（包括其他财产税、遗产税等），目的就是调节并缩小贫富差距，缓和阶级矛盾，维持社会的长治久安。

1. 加大了高收入者的征收力度

个人所得税是我国目前所得税种中最能体现调节收入分配差

距的税种。在降低低收入者税收负担的同时，争取最大限度地发挥利用个人所得税调整收入差距扩大的作用，加大对高收入者的调节力度。在征管方面研究新措施、引进新手段，是个人所得税征管的关键。

本次修订的个人所得税法，提出了对富人进行重点征管的内容。《中华人民共和国个人所得税法实施条例》中提出了加强对高收入者的税收征管，将以前的单项申报改为双项申报，即将原来由纳税人所在单位代为扣缴个人所得税，改为高收入者的工作单位和其本人都要向税务机关进行申报，否则视为违法。条例规定，扣缴义务人都必须办理全员全额扣缴申报，这就形成了对高收入者双重申报、交叉稽核的监管制度，有利于强化对高收入者的税收征管，堵塞税收征管漏洞。实施条例中，高收入者也有了明确的定义："年收入超过12万元以上的个人"。

2. 缩小收入差距，降低基尼系数

我国区域经济发展水平不平衡，各地居民收入、生活水平存在一定差距，全国统一工薪所得费用扣除标准，有利于促进地区间的公平。如果对高收入地区实行高费用扣除标准，低收入地区实行低费用扣除标准，反而将加剧地区间的不平衡，这将与个税本来的调节意义背道而驰。目前，各地实行统一的纳税标准，对收入较低的西部地区将产生很大益处，西部相当部分中低收入阶层将不必缴纳个人所得税，该地区纳税人的税收负担将会减轻，有利于鼓励消费，促进落后地区经济的发展。

个人所得税在所有税种里最能调节收入分配差距，对收入进

行二次平衡。富人和穷人是财富分配链中的两端，要缩小贫富差距，就是要从富人那里分割一定的财富，用来补贴穷人。而在我国近十多年来个人收入分配差距不断加大，基尼系数达到0.45。按照国际惯例，基尼系数达到或者超过0.4，说明贫富差距过大。贫富差距凸显与个人所得税制度失效是因果相生的。统计数字显示，工薪阶层是目前中国个人所得税的主要纳税群体。2004年个人所得税收入中65%来源于工薪阶层，违背了大家公认的"二八定律"。而中国的富人约占总人口的20%。占收入或消费总额的50%，但是，这20%的富人，对个人所得税的贡献，竟然只有10%。这充分说明，个税不但没有实现从富人到穷人的"调节"；相反，这种财富的二次分配还处于一种"倒流"状态中。长期"倒流"下，只能是富人越富，穷人越穷，社会贫富差距仍将继续加大。有人称，中国富人的税收负担在世界上是最轻的。

中国公众缩小贫富差距、实现"共同富裕"的期待，很大程度上寄托在个税制度的归位中。税收制度对广大中等收入群体有重要的导向作用，作用原理是"限高，促中，提低"。加大对高收入者的征收力度，对降低基尼系数有明显的作用。

利率政策："四两拨千斤"的政策

利率政策作为货币政策的重要组成部分，也是货币政策实施的主要手段之一。央行根据货币政策实施的需要，适时地运用利率工具，对利率水平和利率结构进行调整，进而影响社会资金供求状况，实现货币政策的既定目标。利率上调有助于吸收存款，抑制流动性，抑制投资热度，控制通货膨胀，稳定物价水平；利率下调有助于刺激贷款需求，刺激投资，拉动经济增长。利率这个经济杠杆使用起来要考虑它的利弊，在什么时间、用什么幅度调整都是讲究艺术的。

以日本10年漫长的经济衰退时期的零利率政策为例：

20世纪90年代初，泡沫经济崩溃后，大量借款不能偿还，给银行机构造成大量不良资产，日本经济陷入长期萧条。中小企业因资金周转不开大量倒闭，殃及中小银行金融机构跟着破产，为了刺激经济复苏，日本政府扩大公共事业投资，年年增发国债，导致中央政府和地方政府负债累累，财政濒临崩溃的边缘，国家几乎无法运用财政杠杆调节经济。为了防止经济进一步恶化，刺激经济需求，日本银行于1999年2月开始实施零利率政策。2000年8月，日本经济出现了短暂的复苏，日本银行一度解除了零利率政策。2001年，日本经济又重新跌入低谷。2001年3月，日本银行开始将金融调节的主要目标从调节短期利率转向"融资量目标"，同时再次恢复实际上的零利率政策。2006年7月14日，日本央行解除实施了5年零4个月的零利率政策，将短期利率从零调高至0.25%。零利率的解除，也标志着日本经济开始明显复苏。

在经济跌入低谷时，低利率利率政策的实施减轻了企业的债务负担，为市场提供了充足的资金，但其负面影响也是不容忽视的。例如，由于市场利率的下降引起存款利率的下降，使储蓄者蒙受一定损失，直接影响到个人消费的提高；另外，由于短期资金唾手可得，助长了某些金融机构的惰性。在低利率政策下，金融机构不用说实行证券化、开发衍生金融产品，就是连传统的存贷业务利润空间都很小，特别是保险行业经营已出现困难。因此，过低的利率使金融机构丧失了扩展业务与进取开拓的内在动力。更为严重的是，低利率甚至零利率政策意味着日本利用金融手段刺激经济的余地也越来越小。

不同国家的利率标准也不尽相同。中国央行领导人曾用"橘子是不能跟苹果相比"的形象比喻来说明各个国家利率手段的内涵和定价机制不同。受金融危机的影响，2009年西方很多国家和过去10年中的日本一样，开始实行零利率政策。西方各国对于中国实行零利率政策的呼声很高。这是为什么呢？

因为利率对本国汇率和对他国汇率都有重要的影响。利率是货币供求关系的产物，增加货币投放量，市场上货币增多，供大于求，导致利率下降；反之减少货币投放量，市场上流通的货币减少，供不应求，利率提高。以中国和美国为例，如果中国增加货币投放量，利率降低，而假设美国利率不变，在外汇市场上导致人民币对美元贬值；反之如果美国降息，而中国利率不变，将导致美元对人民币贬值。因此，一国的利率政策不仅会影响到本国人民的利益和经济发展，还会通过汇率作用于他国的经济。

2007年初以来，中国人民银行先后五次上调人民币存贷款基准利率。其中，一年期存款基准利率累计上调1.35个百分点，一年期贷款基准利率累计上调1.17个百分点。2007年底，央行发表报告认为，利率政策的累积效应逐步显现：一是融资成本适度上升，有利于合理调控货币信贷投放，抑制过度投资；二是连续多次加息，有利于引导居民资金流向，稳定社会通胀预期。在物价水平走高的情况下，中央银行提高存款收益水平并努力使实际利率为正，有利于保护存款人的利益。居民储蓄问卷调查显示，居民储蓄意愿下降速度已明显放缓，在当前的物价和利率水平下，认为"更多储蓄"最合算的居民占比，第一、二、三季度降幅分别为 5.6、4 和 0.9 个百分点，幅度明显减小。第三季度，储蓄存款余额下降趋势在一定程度上得以缓解。在五次上调人民币存贷款基准利率的过程中，中国人民银行适度缩小金融机构存贷款利差，一年期存贷款基准利率利差在各次利率调整后分别为 3.60%、3.51%、3.51%、3.42%、3.42%，利差从年初的 3.60% 逐步缩小为 3.42%，累计缩小 0.18 个百分点。

央行表示，利率政策的累积效应逐步显现。

近年来，中国人民银行加强了对利率工具的运用。央行采用的利率工具主要有：一是调整中央银行基准利率，包括：再贷款利率，指中国人民银行向金融机构发放再贷款所采用的利率；再贴现利率，指金融机构将所持有的已贴现票据向中国人民银行办理再贴现所采用的利率；存款准备金利率，指中国人民银行对金融机构交存的法定存款准备金支付的利率；超额存款准备金利率，指中央银行对金融机构交存的准备金中超过法定存款准备金水平的部分支付的利率。二是调整金融机构法定存贷款利率。三是制定金融机构存贷款利率的浮动范围。四是制定相关政策对各类利率结构和档次进行调整等。

从目前来看，我国利率调整逐年频繁，利率调控方式更为灵活，调控机制日趋完善。随着利率市场化改革的逐步推进，作为货币政策主要手段之一的利率政策将逐步从对利率的直接调控向间接调控转化。利率作为重要的经济杠杆，在国家宏观调控体系中将发挥更加重要的作用。改革开放以来，中国人民银行加强了对利率手段的运用，通过调整利率水平与结构，改革利率管理体制，使利率逐渐成为一个重要杠杆。1993年5月和7月，中国人民银行针对当时经济过热、市场物价上涨幅度持续攀高，两次提高了存、贷款利率，1995年1月和7月又两次提高了贷款利率，这些调整有效控制了通货膨胀和固定资产投资规模。1996年5月和8月，1997年10月和1998年3月，针对我国宏观经济调控已取得显著成效，市场物价明显回落的情况，央行又适时四次下调存、贷款利率，在保护存款人利益的基础上，对减轻企业，特别是国有大中型企业的利息负担，促进国民经济的平稳发展产生了积极影响。

货币政策：扩张好还是紧缩好

由人民出版社出版的《朱镕基答记者问》一书正式面世后，受到海内外读者的热捧，其中收录了前国务院总理朱镕基兼任央行行长时期的几篇专访。朱镕基和他任央行行长短短两年的经历，再次成为媒体关注的焦点。

1993年7月2日,全国人大八届二次会议作出决定,时年65岁的朱镕基被任命为中国人民银行行长。在任命前的当年3月,朱镕基在八届一次会议上刚被任命为国务院副总理。

当年6月,中央采取严格控制货币发行等十六条措施,旨在抑制日益严重的通货膨胀。

1993年8月到10月间,面对由于经济发展过热引起的通货膨胀问题,刚刚履新中国人民银行行长不久的朱镕基,先后主持召开了8次会议,集中讨论了宏观调控措施实施的程度及货币投放量控制的程度。

会上,朱镕基以中国人民银行行长身份,命令属下的行长们在40天内收回计划外的全部贷款和拆借资金。"逾期收不回来,就要公布姓名,仍然收不回来,就要严惩不贷。"

截至当年7月底,拆借的资金收回来332亿元,还增加了405亿元的储蓄。以此为储备,银行又可以发行几百亿元去收购夏粮,国库券又有人买了,财政部不再找银行借钱发工资了,股市也止跌企稳了,"宏观调控初见成效"。

"通过这种办法和我们的努力,我们基本上成功实现了经济增长的缓慢减速,没有发生经济增长率的急剧下跌,也没有发生大规模的价格波动。"在《朱镕基答记者问》一书中如此评价上任初的货币政策。

货币政策是指政府或中央银行为影响经济活动所采取的措施,尤指控制货币供给及调控利率的各项措施,用以达到特定或维持政策目标——比如，抑制通胀、实现完全就业或经济增长。直接地或间接地通过公开市场操作和设置银行最低准备金（最低储备金）。

货币政策通过政府对国家的货币、信贷及银行体制的管理来实施。一国政府拥有多种政策工具可用来实现其宏观经济目标。货币政策工具是指中央银行为调控货币政策中介目标而采取的政策手段。根据央行定义，货币政策工具库主要包括公开市场业务、存款准备金、再贷款或贴现，以及利率政策和汇率政策等。从学术角度来讲，它大体可以分为数量工具和价格工具。价格工具集中体现在利率或汇率水平的调整上。数量工具则更加丰富，如公开市场业务的央行票据、准备金率调整等，它聚焦于货币供应量的调整。

货币政策工具主要包括：一是由政府支出和税收所组成的财政政策。财政政策的主要用途是通过影响国民储蓄，以及对工作和储蓄的激励，从而影响长期经济增长。二是货币政策由中央银行执行，它影响货币供给。通过中央银行调节货币供应量，影响利息率及经济中的信贷供应程度来间接影响总需求，以达到总需求与总供给趋于理想的均衡的一系列措施。

货币政策可以分为扩张性的和紧缩性的两种：

扩张性的货币政策是通过提高货币供应增长速度来刺激总需求，在这种政策下，取得信贷更为容易，利息率会降低。因此，当总需求与经济的生产能力相比很低时，使用扩张性的货币政策最合适。

紧缩性的货币政策是通过削减货币供应的增长率来降低总需求水平，在这种政策下，取得信贷较为困难，利息率也随之提高。因此，在通货膨胀较严重时，采用紧缩性的货币政策较合适。

2011年3月18日早，日本央行行长白川方明在七国集团同意联手干预日元后表示，日本仍将保持超宽松的货币政策。"日本央行将会推行强有力的宽松货币政策，并继续提供充足的流动性，以保持市场稳定。"央行当天的声明表示。3月18日早，七国集团财长决定联手干预日元汇率，随后日本央行又向金融系统注资3万亿日元（合370亿美元）。此前产经新闻报道，日本政府可能发行超过10万亿日元（约合1268亿美元）的紧急债券，而日本央行会全部买下这些债券。

地震、海啸和核危机给日本经济造成的损失超过20万亿日元。他还表示，重建需要的预算肯定会超过1995年阪神大地震后3.3万亿的重建费用。日本央行继续向金融系统注入资金，数量超过银行能够消化的数额，以保持较低市场利率。而回顾过去，2001年至2006年间，在通货紧缩的长期困扰下，日本中央银行曾将政策利率降至零并定量购买中长期国债的政策就是一种典型方式。这些政策的最终意图是通过扩大中央银行自身的资产负债表，进一步增加货币供给，降低中长期市场利率，避免通货紧缩预期加剧，以促进信贷市场恢复，防止经济持续恶化。

量化宽松有利于抑制通货紧缩预期的恶化，但对降低市场利率及促进信贷市场恢复的作用并不明显，并且或将给后期全球经济发展带来一定风险。中国国际经济研究会副会长张其佐认为：

"毫无疑问，主要央行量化宽松货币政策的开启，将带来全球通胀的风险。"实施量化宽松的货币政策，将形成日元走软、商品价格上涨的局面。

在通货膨胀较严重时，采用消极的货币政策较合适。货币政策调节的对象是货币供应量，即全社会总的购买力，具体表现形式为：流通中的现金和个人、企事业单位在银行的存款。流通中的现金与消费物价水平变动密切相关，是最活跃的货币，一直是中央银行关注和调节的重要目标。

财政赤字：影响国家经济的债务

财政赤字是财政支出大于财政收入而形成的差额，由于会计核算中用红字处理，所以称为财政赤字。它反映着一国政府的收支状况。财政赤字是财政收支未能实现平衡的一种表现，是一种世界性的财政现象。财政赤字即预算赤字，指一国政府在每一财政年度开始之初，在编制预算时在收支安排上就有的赤字。若实际执行结果收入大于支出，为财政盈余。

理论上说，财政收支平衡是财政的最佳情况，在现实中就是财政收支相抵或略有节余。但是，在现实中，国家经常需要大量的财富解决大批的问题，会出现入不敷出的局面。这是现在财政赤字不可避免的一个原因。不过，这也反映出财政赤字的一定作用，即在一定限度内，可以刺激经济增长。当居民消费不足的情况下，政府通常的做法就是加大政府投资，以拉动经济的增长，但是这绝不是长久之计。了解会计常识的人都知道，赤字的出现有两种情况：一是有意安排，被称为"赤字财政"或"赤字预算"，它属于财政政策的一种；另一种情况，即预算并没有设计赤字，但执行到最后却出现了赤字，也就是"财政赤字"或"预算赤字"。

一国之所以会出现财政赤字，有许多原因。有的是为了刺激经济发展而降低税率或增加政府支出，有的则因为政府管理不当，引起大量的逃税或过分浪费。当一个国家财政赤字累积过高时，就好像一间公司背负的债务过多一样，对国家的长期经济发展而言，并不是一件好事，对于该国货币亦属长期的利空，且日后为了要解决财政赤字只有靠减少政府支出或增加税收这两项措施，对于经济或社会的稳定都有不良的影响。一国财政赤字若加大，该国货币会下跌；反之，若财政赤字缩小，表示该国经济良好，该国货币会上扬。

赤字财政政策是在经济运行低谷期使用的一项短期政策。在短期内，经济若处于非充分就业状态，社会的闲散资源并未充分利用时，财政赤字可扩大总需求，带动相关产业的发展，刺激经济回升。在当前世界经济增长乏力的条件下，中国经济能够保持平稳增长态势，扩张性赤字财政政策功不可没。从这个角度说，财政赤字是国家宏观调控的手段，它能有效动员社会资源，积累庞大的社会资本，支持经济体制改革，促进经济的持续增长。实际上财政赤字是国家为经济发展、社会稳定等目标，依靠国家坚实和稳定的国家信用调整和干预经济，是国家在经济调控中发挥作用的一个表现。

　　财政赤字的大小对于判断财政政策的方向和力度是至关重要的。财政政策是重要的宏观经济政策之一，而财政赤字则是衡量财政政策状况的重要指标。因此，正确衡量财政赤字对于制定财政政策具有十分重要的意义。非常遗憾的是，对于如何正确衡量财政赤字，经济学家并没有达成共识。一些经济学家认为，目前通常意义上的财政赤字并不是财政政策状况的一个好指标。这就是说，他们认为按照目前公认的方法衡量的财政赤字既不能准确地衡量财政政策对目前经济的影响，又不能准确地衡量给后代纳税人造成的负担。

以美国为例，美国财政部公布的数据显示，在截至6月30日的2008～2009财政年度的前9个月，美国联邦财政赤字首次超过1万亿美元。据奥巴马政府预计，联邦财政赤字到今年年底将达1.84万亿美元，约占美国国内生产总值的13%，为1945年以来的最高水平。

从目前来看，巨额财政赤字问题会对美国政府的经济刺激措施产生不利影响。《华尔街日报》14日发表文章认为，公共债务和失业率攀升正在对奥巴马政府产生"政治影响"。财赤问题已经成为在野的共和党攻击政府的一大话题。美国国会少数党（共和党）领袖约翰·博纳说："1万亿美元财赤清楚地表明我们国家的财政状况已经岌岌可危，而政府却仍在不停借钱开销，让我们的子孙后代背负重债。"

由于财赤不断突破"红线"，奥巴马政府正在力推的医疗制度改革面临巨大阻力。尽管奥巴马称医疗改革在长期内会降低财赤水平，但这项改革在未来10年内却会使美国政府多支出1万亿美元。

如果财赤问题不尽早得到解决，美国经济很难实现可持续发展。美国联邦政府原总审计长戴维·沃克认为，美国面临的最大挑战是政府在财政方面不负责任。研究美国公共债务问题的华盛顿智库布鲁金斯学会经济学家威廉·盖尔担忧，财赤危机一旦到来，对美国经济乃至世界经济的影响将不可估量。

第十章

谁也逃不掉的金融危机
——每天懂点金融危机知识

金融危机是如何爆发的

仿佛就在一夜之间，拥有 85 年历史的华尔街第五大投行贝尔斯登贱价出售给摩根大通；拥有 94 年历史的美林被美国银行收购；历史最悠久的投行——有 158 年历史的雷曼宣布破产；有 139 年历史的高盛和成立于 1935 年的摩根斯坦利同时改旗易帜转为银行控股公司。拥有悠久历史的华尔街五大投行就这样轰然倒塌，从此便成了历史。华尔街对金融衍生产品的滥用就是导致此次"百年一遇"的金融灾难的罪魁祸首。

金融衍生品是由原生资产派生出来的金融工具，金融衍生品一般独立于现实资本运动之外，却能给持有者带来收益，它本身没有价值，具有虚拟性。最初进入这个市场的商业银行与投资银行获得暴利，因此吸引越来越多的参与者介入衍生产品市场。

参与者越来越多，金融产品种类的开发越来越多，包括次贷、商业性抵押债券、信用违约掉期等，业务规模也就越来越庞大，直到商业银行与投资银行之间的业务深入渗透。业务的相互渗透意味着高风险的相互渗透，造成了"我中有你，你中有我"的局面，这是金融危机影响深远的主要原因之一。

1999 年，美国允许商业银行进行混业经营，之后美国政府对银行业的监管逐渐放松。金融行业开始迅速扩张，金融业利润占全部上市公司利润的份额从20年前的5%上升到当前的40%，扩张明显大于其所服务的实体经济，并成为整个经济的支柱。2000年以后，随着房地产行业的逐渐繁荣，与之相关的金融衍生产品开始迅速发展，商业银行也越来越多地介入到衍生品的开发与推广中，并为今天的金融危机埋下隐患。

我们可以简单地演示一下金融危机是如何爆发的。

1. 杠杆

许多投资银行为赚取暴利，采用杠杆操作。杠杆是一柄双刃剑，在牛市中，利用杠杆借款可以获得暴利；相反，熊市来临，地产行业出现危机并导致市场转折的时候，杠杆就变成自杀工具。

2.CDS

把杠杆投资拿去做"保险"，这种保险就叫CDS。比如，银行A为了逃避杠杆风险就找到了机构B。A对B约定，B帮A的贷款作为违约保险，A每年付B保险费5千万，连续10年，总共5亿，假如A银行的投资没有违约，那么这笔保险费就直接归B。假如违约，B要为A赔偿，为A承担风险。对于A来说，如果不违约，就可以赚45亿，这里面拿出5亿用来做保险，还能净赚40亿。如果有违约，反正由B来赔付。所以对A而言既规避了风险，还能赚到钱。B经过认真的统计分析，发现违约的情况不到1%。如果做100家的生意，总计可以拿到500亿的保险金，如果其中一家违约，赔偿额最多不过50亿，即使两家违约，还能赚400亿。A、B双方都认为这笔买卖对自己有利，因此双方成交并皆大欢喜。

3.CDS 市场

B 做了这笔保险生意并且赚到钱后，C 也想分一杯羹，就跑到 B 处说，只要 B 将 100 个 CDS 卖给他，C 可以将每个合同以 2 亿成交，总共 200 亿。对于 B 来说，400 亿要 10 年才能拿到，现在一转手就有 200 亿，而且没有风险，因此 B 和 C 马上就成交了。这样一来，CDS 就像股票一样流到了金融市场之上，可以交易和买卖。当 C 拿到这批 CDS 之后，并不想等上 10 年再收取 200 亿，而是把它挂牌出售，每个 CDS 标价 2.20 亿；D 看到这个产品，算了一下，认为自己还是有赚头，立即买了下来。一转手，C 赚了 20 亿。从此以后，这些 CDS 就在市场上反复地炒，以至于 CDS 的市场总值炒到了何种程度已经没人知道。

4.次贷

A、B、C、D、E、F……所有的人都在赚大钱，那么这些钱到底是从哪里冒出来的呢？从根本上说，这些钱来自 A，以及同 A 相仿的投资人的盈利。而他们的盈利大半来自美国的次级贷款。享受次级贷款的这些人经济实力本来不够买自己的一套住房，但次贷为他们解决了这个问题。越来越多的人参与到房地产市场中，房价持续上涨，尽管次级贷款的利息一般比较高，但是享受次级贷款的人们在此时并不担心贷款利息的问题，只要房子处于升值的过程中，穷人还是赚钱的。此时 A 很高兴，他的投资在为他赚钱；B 也很高兴，市场违约率很低，保险生意可以继续做；后面的 C、D、E、F 等都跟着赚钱。

5. 次贷危机

有涨必定有跌，房价涨到一定的程度就涨不上去了。当房价往下跌的时候，原先享受次贷的高额利息要不停地付，终于到了走投无路的一天，把房子抵给了银行。此时违约就发生了。但是 A 并不感到担心，反正有 B 做保险。B 也不担心，反正保险已经卖给了 C。那么现在这份 CDS 保险在哪里呢，在 G 手里。G 刚从 F 手里花了 300 亿买下了 100 个 CDS，还没来得及转手，突然接到消息，这批 CDS 被降级，其中有 20 个违约，大大超出原先估计的不到 1% 的违约率。每个违约要支付 50 亿的保险金，总共支出达 1000 亿。加上 300 亿 CDS 收购费，G 的亏损总计达 1300 亿。虽然 G 是一个大的金融机构，也经不起如此巨大的亏损，因此 G 濒临倒闭。

6. 金融危机

如果 G 倒闭，那么 A 花费 5 亿美元买的保险就泡了汤，更糟糕的是，由于 A 采用了杠杆原理投资，根据前面的分析，A 赔光全部资产也不够还债。这样，从 A 到 G 的所有人都会从这连锁危机中损失惨重。

现实中的金融危机远比上述模型要复杂得多，不过，我们也能从模型当中看出金融危机的产生及发展历程。

可以说这次金融危机，是五个因素共同发生作用的结果，如果缺一个都不会发生金融危机，或者金融危机不会这么严重。这五个因素，第一个，次贷衍生产品，包括 CDU、CTS 等产品。第二个，美国过去十几年一直施行的低利率政策。第三个，对金融机构特别是投资银行杠杆率缺乏监管。第四个，金融机构的风险控制放松，对资本监管的放松，包括让所有的投资银行业务在过去的五六年之中通过特别是2001年、2002年都陆续进入次贷，追求高风险业务。我们知道次贷是没有信誉保障的人，他的贷款利率高于优质贷款，所以投资银行做这个业务虽然收益大但风险就大。第五个，信贷机制监管的缺失。

真正的金融危机是五个因素共同作用的结果，危机发生以后，美国、英国包括行业组织都在进行检讨，都在完善监管。衍生产品纳入监管以后，规避风险、价格信号的功能还会正常发挥。这次危机是多方面的，不仅仅与衍生产品有关。但是，应该说不是衍生产品惹的祸，而是对衍生产品使用不当，导致出现了问题。如果金融衍生产品没有受到投资者疯狂的追捧，恐怕也不会有金融危机的局面。

华尔街打着金融创新的旗号，推出各种高风险的金融产品，不断扩张市场，造成泡沫越来越大。当泡沫破灭的那一刻，危机便爆发了。曾经令人瞩目的"华尔街模式"一夜坍塌，令无数财富荡然无存。普通百姓也已经切身感受到金融危机的冲击。因此，对我们来说，要了解金融危机在美国的演变历程，并牢记历史的教训。

狂热的投机：金融危机顽疾难医

一位法国金融家说道："法国人热爱金钱，并不是因为它给人们带来了行动的机会，而是因为它可以保证收入。"让我们看看法国人与英国人的不同观点，1981年哈佛与耶鲁的一场争论可见一斑：

威廉·伯蒂尼恩：英格兰是股票热衷者的圣诞树。贵族只要花几英镑就可以买到一个席位，进入任何一家公司的董事会。而公众不是疯子就是傻子，上帝啊，我从未听说过这种人，除非是比萨拉比亚的农民，或是喀麦隆的黑鬼，他们才真正相信他们的信仰。只要有任何一种听起来完全不可能的业务，他们都会为之尝试。

斯图尔特：英格兰是银行家的世界。还从来没有失败过，她遵守了她的诺言。这就是为什么这些投机——这些投机你在美国股票市场上是找不到的——每一个汤姆、狄克和哈利都试图大赚一笔——就像在法国一样。

确实，这是不同的。不同国家的人，投机本性可能迥然相异。对某一个国家而言，投机本性在不同的时间里也会有所不同，即在该国情绪高昂时期与压抑时期，投机的程度均不相通。但是，各种形式的投机，都具备的共性就是，它们都会为金融危机的爆发带来巨大的隐患。

金融危机远因是投机行为和信用扩张，近因则是某些不起眼的偶然事件。如一次银行破产、某个人的自杀、一次无关主旨的争吵、一件意想不到的事情的暴露或是拒绝为某些人贷款，也可能仅仅是看法的改变。这些事情使市场参与者丧失了信心，认为危机即将来临，从而抛出一切可转换为现金的东西，诸如股票、债券、房地产、外汇和商业票据。当所有需要货币的人都找不到货币，金融领域中的崩溃便会传导到经济中的各个方面，导致总体经济的下降，金融危机的来临。

投机要成为一种"热"，一般都要在货币和信贷扩张的助长下才能加速发展。有时候，正是货币和信贷的最初扩张，才促成了投机的狂潮。远的如举世皆知的郁金香投机，就是当时的银行通过发放私人信贷形成的；近的如19世纪30年代大萧条之前，纽约短期拆借市场扩张所促成的股票市场繁荣。事实上，在所有从繁荣到危机的过程中，都有货币或者是银行信贷的影子。而且，货币的扩张也不是随机的意外事件，而是一种系统的、内在的扩张。

19世纪50年代，全球经济繁荣的出现源于以下多重因素的影响。第一，新金矿被发现；第二，英国、法国、德国和美国新设立了大量的银行；第三，多家银行在纽约和费城设立清算所，伦敦票据清算所也开始大规模扩张。清算所的出现使得票据清算更加便捷，也使得其成员银行更愿意在交易结算中选择票据作为结算方式。成员银行间的支付差额通过所签发的证明进行结算，又创造了一种新形式的货币。1866年，英国新成立了股份合作制的票据贴现所，通过票据贴现的方式发放了大量贷款，这也带来了英国当时的信贷扩张。而为了用黄金支付法兰西——普鲁士战争赔款，德国新设立大量掮客银行，这种掮客银行后来拓展至奥地利以及奥地利新设立的建设银行，奥地利的建设银行后来也发展至德国，共同导致了19世纪70年代中欧的信贷繁荣即信用膨胀。

那么，问题就出来了：一旦启动了信贷扩张，规定一个停止扩张的时点是否现实呢？通常当大的金融危机出现，一国的中央银行就会扮演危机中的最后贷款人，来挽救金融危机。

但是，金融危机中的最后贷款人的角色并不好把握。长期来看，货币供应量应该固定不变，但在危机期间它应当是富有弹性的，因为良好的货币政策可以缓解经济过热和市场恐慌，也应该可以消除某些危机。其依据主要是对1720年、1873年和1882年的法国危机，以及1890年、1921年和1929年的危机的研究。这几次危机中都没有最后贷款人出现，而危机后的萧条持续久远。

但是，将这种观点简单理解为设立一个最后贷款人也是肤浅的。如果市场知道它会得到最后贷款人的支持，就会在下一轮经济高涨时期，较少甚至不愿承担保障货币与资本市场有效运作的责任，最后贷款人的公共产品性会导致市场延迟采取基本的纠正措施、弱化激励作用、丧失自我依赖性。因此，应该由一个"中央银行"提供有弹性的货币。但是，责任究竟落在谁的肩上还不确定。这种不确定性如果不使市场迷失方向的话是有好处的。因为，它向市场传递了一个不确定的信息，使市场在这个问题上不得不更多地依靠自救。适度的不确定性，但不能太多，有利于市场建立自我独立性。

众所周知,在经济过热与市场恐慌中,货币因素十分重要。芝加哥学派认为,当局总是愚蠢的,而市场总是聪明的,只有当货币供应量稳定在固定水平或以固定增长率增加时,才能避免经济过热和市场恐慌。然而,现实的悖论是,银行家只把钱借给不想借钱的人。当发生经济崩溃时,银行体系必然受到冲击,除了货币数量的变动外,将导致银行对信贷进行配额控制,这势必造成某些资本运行环节当中的信用骤停和流动性衰竭。

泡沫经济:最绚丽的泡沫也还是泡沫

正常情况下,资金的运动应当反映实体资本和实业部门的运动状况。只要金融存在,金融投机必然存在。但如果金融投机交易过度膨胀,同实体资本和实业部门的成长脱离得越来越远,便会造成社会经济的虚假繁荣,形成泡沫经济。

泡沫经济是指虚拟资本过度增长与相关交易持续膨胀日益脱离实物资本的增长和实业部门的成长,金融证券、地产价格飞涨,投机交易极为活跃的经济现象。泡沫经济寓于金融投机,造成社会经济的虚假繁荣,最后必定泡沫破灭,导致社会震荡,甚至经济崩溃。历史上发生过许多次的泡沫经济事件,它们给经济的发展带来了巨大的损害。

17世纪　荷兰发生郁金香泡沫经济。

18世纪　英国的南海公司泡沫经济(南海泡沫事件)。这次事件成为泡沫经济的语源。

20 世纪 20 年代　受到第一次世界大战的影响，大量欧洲资金流入美国，导致美国股价飞涨。之后黑色星期二爆发，美国泡沫经济破裂，导致世界性恐慌。

1980 年　日本泡沫经济。

1994 年　墨西哥为主的中南美洲泡沫经济。

1997 年　东南亚金融危机。

1999 年—2000 年　美国因特网泡沫经济。

2003 年　美国为主的全球房地产泡沫经济。

由于没有实体经济的支持，经过一段时间，泡沫经济都会犹如泡沫那样迅速膨胀又迅速破灭。那么泡沫经济又是如何形成的呢？主要有以下方面的重要原因：

其一，宏观环境宽松，有炒作的资金来源。泡沫经济都是发生在国家对银根放得比较松，经济发展速度比较快的阶段，社会经济表面上呈现一片繁荣，给泡沫经济提供了炒作的资金来源。一些手中握有资金的企业和个人首先想到的是把这些资金投到有保值增值潜力的资源上，这就是泡沫经济成长的社会基础。

其二，社会对泡沫经济的形成和发展缺乏约束机制。对泡沫经济的形成和发展进行约束，关键是对促进经济泡沫成长的各种投机活动进行监督和控制，但到目前为止，社会还缺乏这种监控的手段。这种投机活动是发生在投机当事人之间的两两交易活动，没有一个中介机构能去监控它。作为投机过程中最关键的一步——货款支付活动，更没有一个监控机制。

其三，金融系统对房地产领域的过度放纵。过度宽松的财政货币政策加剧资金过剩，助长泡沫膨胀；大批公共工程上马增加了对土地的需求，进一步刺激地价上涨，各种因素叠加共振，使地价房价飞涨。宽松的房贷条件和政府失察，最终成为压垮这些"诞生经济奇迹"国家的最后一根稻草。

一本反映日本泡沫经济的书中，讲了一件真实的事。唱红了《北国之春》的日本男歌星千昌夫，准备操办婚事时，银行职员上门了。当时，富裕的日本人都流行到夏威夷结婚，但那里还没有专门面向日本人的酒店。银行的人对千昌夫说："你应该去夏威夷投资建个酒店。"千昌夫问："你能借多少？"银行说："1000亿（日元）。"千昌夫傻了："我从来没想到过要借这么多钱。"银行就说："不，我们一定要借给你1000亿，不要任何担保。"1000亿就这样借给了千昌夫。这还没完，第二家银行又来了："听说您要在夏威夷建酒店？你应该再建个高尔夫球场。"结果，千昌夫名下的贷款总额达到了5000亿日元。

进入1990年，这场人类经济史上最大的泡沫经济终于破灭，股价房价暴跌，大量账面资产化为乌有，企业大量倒闭，失业率屡创新高，财政恶化，日本经济陷入长达10多年的低迷状态。

西方谚语说："上帝欲使人灭亡，必先使其疯狂。"20世纪80年代后期，日本的股票市场和土地市场热得发狂。从1985年年底到1989年年底的4年里，日本股票总市值涨了3倍。土地价格也是接连翻番，到1990年，日本土地总市值是美国土地总市值的5倍，而美国国土面积是日本的25倍！两个市场不断上演着一夜暴富的神话，眼红的人们不断涌进市场，许多企业也无心做实业，纷纷干起了炒股和炒地的行当——全社会都为之疯狂。但泡沫，在 1990 年 3 月开始破灭。

灾难与幸福是如此靠近。正当人们还在陶醉之时，从 1990 年开始，股票价格和土地价格像自由落体一般往下落，许多人的财富转眼间就成了过眼云烟，上万家企业迅速关门倒闭。两个市场的暴跌带来数千亿美元的坏账，仅 1995 年 1 月至 11 月就有 36 家银行和非银行金融机构倒闭，当年爆发剧烈的挤兑风潮。

日本当年经济崩溃的原因并非允许日元升值，而是其长期严重压低日元汇率。其次，日本在推行强势日元的同时，实行过度宽松货币政策，这才酿成了金融领域的严重泡沫问题。

日本泡沫经济崩溃至今已经过去了整整 20 年。对发展中国家而言，这是一段不能忘记和忽视的历史事件。就当时的经济环境来看，虽然跟今天相比已经发生了很大的变化，但是，在形成泡沫的激励和社会对待泡沫经济的反应上看，却表现出惊人的相似性。就像当前楼价的一路高歌状况一样，这究竟是"非理性疯狂"的表现，还是泡沫经济的昙花一现，值得我们理性地分析。

经济大萧条再次降临

"华尔街正陷于'百年一遇'的金融危机中，该国这场危机引发经济衰退的可能性正在增大。这是我职业生涯中所见最严重的一次金融危机,可能仍将持续相当长时间,并继续影响美国房地产价格。"

——美国联邦储备委员会前主席支伦·格林斯潘

2008年9月14日,正逢中国中秋节,这是中秋节第一次作为中国的法定假日,加上周末,连续3天的假期,使得中国人在赏月过佳节的同时,还享受着中华民族举办"百年奥运"所带来的欢乐和荣耀。

此时,大洋彼岸的美利坚却阴云密布,整个国家都笼罩在失落和懊丧中,因为他们不得不接受这样一个事实:美国发生金融危机了,这是自1929年以来"百年不遇"的一次。

这天距离美国人纪念纽约世贸大楼被炸7周年不到3天,一场灾难——金融危机在纽约上演了:一年前贝尔斯登倒下的时候,许多人认为那不过是一场流动性不足的短暂危机,而现在没有人再怀疑,华尔街已经崩溃,建立在华尔街之上的美国金融帝国正摇摇欲坠。

著名经济学家克鲁格曼认为,2008年年底经济危机爆发时,其严重程度几乎堪比上个世纪30年代"大萧条"时期的银行业危机:世界贸易、世界工业产值、全球股市等一系列指标下降速度赶上甚至超过了当时。

格林斯潘认为,这场危机将持续成为一股"腐蚀性"力量,直至美国房地产价格稳定下来,危机还将诱发全球一系列经济动荡。他还预测,将有更多大型金融机构在这场危机中倒下。于是,各个国家的政客都行动起来了,为了避免被美国拖下水,各自寻求自保之法。位于太平洋对岸的亚洲，特别是作为美国最大的债权国的中国和日本，也行动起来了。日本积极购买或者兼并美国濒临危机的证券或者金融公司，而中国则采取相对更为谨慎的态度。

与"大萧条"时代所不同的是，在金融危机中，美国经济并未如当时一般直线下滑，而是在经历了糟糕的一年后逐渐开始触底。格林斯潘认为，美国之所以免于重蹈"大萧条"覆辙，是因为政府在两次危机中所扮演的角色截然不同。

首先，在金融危机中，最关键的并非政府有所为，而是政府有所不为：与私人部门不同，联邦政府没有大幅缩减开支。尽管财政收入在经济收缩的时期大幅下降，社会保险、医疗保险、公职人员收入等都得到了应有的保障。而这些方面的支出都对下滑的经济起到了一定的支撑作用，成为政府的"自动稳定器"。而在"大萧条"时代，政府支出占GDP总量的比例则相对小得多。尽管危机时期的大笔财政支出会导致政府的财政赤字，但是从避免危机深化的角度来说，赤字反而能成为一件好事。

其次，政府除了持续发挥其自身的稳定效用之外，还进一步采取措施稳定金融部门，为银行提供救助资金。尽管也许现行的银行救助计划的规模及形式等方面存在缺憾，但是如果没有采取此类措施，情况势必会更加糟糕。在应对本轮危机时，政府没有采取上个世纪30年代的放任不管、任由银行系统崩溃的态度，而这正是"大萧条"没有重现的另外一个重要原因。

最后，美国政府在经济刺激计划方面进行了深刻思考，并付出了努力。据预测，如果没有实施经济刺激计划，将有比现在多100万的美国人失去就业机会。正是经济刺激计划将美国经济从自由落体式下降的旋涡中拖了出来。

隐藏在这场金融危机背后的秘密是什么？是什么导致了这场金融危机的发生和扩展呢？备受全球投资者瞩目的美国政府"7000亿美元救市计划"能否挽救金融危机，经济学家各执一词。目前为止，华尔街危机已经演变成一场波及全球的金融风暴。这次金融风暴会持续多久？对中国的影响是什么样的？这场危机是否会把全球经济拖进深渊？

世界是平的，全球化的重要标准之一就是资本和金融在全球的流动性，随着美国金融危机的发生，传导效应和红蝴蝶效应发挥了作用，波及到了大西洋对岸的欧洲。欧洲的金融系统也面临着更大的压力，已经步美国的后尘发生了金融危机。这种传导是否会相应持续下去，谁也无法预测。人们都在问，面对金融危机，谁又会成为下一个倒霉蛋呢？

危机造成的经济收缩

新华网纽约9月27日电：全球知名投资银行经理、私募基金总裁27日在纽约举行论坛。与会专家普遍认为，目前欧洲债务危机是世界经济面临的主要威胁。此外，危机中深受拖累的欧洲银行因为流动性吃紧而收紧信贷，导致私募基金融资成本上升，投资活动被迫收缩。

有"末日博士"之称的纽约大学商学院教授、鲁比尼全球经济咨询公司创始人努里尔·鲁比尼当天说，目前大多数发达经济体已濒临衰退边缘，而"美国、英国和一些欧元区国家已经陷入经济衰退"。他说，世界经济现在面临的问题不是会否陷入衰退，而是衰退程度的强弱，而决定衰退程度的关键在于欧元区的表现。在鲁比尼看来，如果欧洲不能采取有效措施控制债务问题，造成的后果要比2008年雷曼兄弟公司破产"严重"。

一场金融危机看似呼啸而来，实际上在其形成时期，就已经通过很多迹象表明了讯息，只是人们往往不是没有发现，便是发现时已无力逆转。在经济出现倒退预警后，利率以及资本市场和金融部门的诸多反应另一方面还加快了金融危机到来的速度。这些因素使得金融危机爆发呈现出一股令人谈虎色变的生猛姿态。

最近三年，全球经济政策经历了重大变化。2008年金融海啸席卷全球时，采取经济刺激政策，成为各国应对金融危机的一致主张。一年后，随着危机逐渐缓解，实施退出战略，政策趋向紧缩，成为不少国家的选择。但在2011年，复杂的国际经济环境正迫使世界主要经济体政策开始新的转向。转向的大背景，就是世界经济的主要挑战正在发生易位，即从债务危机和通货膨胀易位给经济"二次衰退"。尽管在易位过程中，可能一种甚至多种挑战交叉并存，给经济带来更严峻的考验。

可以说，现在的世界经济，左边是冰山，右边是火焰。在何去何从之间，一些国家经济政策开始掉头，或在为是否掉头做准备。比如土耳其、巴西央行上月已先后降息；在发达经济体方面，美联储第三轮量化宽松政策呼之欲出，欧洲央行也暗示会根据经济局势的变化适时调整政策。

在美国和欧洲一些国家，债务危机使得扩张性财政政策难以为继，为避免陷入更严重的信心危机，这些国家不得不削减赤字。而在新兴经济体，应对通胀成了政府的头号任务，央行不得不采取各种措施收紧流动性。

但偏紧的财政和货币政策，让本已就低迷的经济更加不振，债务危机更严重打击民众信心。按照一些西方经济学家的看法，

这种趋势如果继续，尽管世界经济不大可能陷入"大萧条"，但却可能陷入新一轮的大收缩。

让我们来看一看，金融危机是从哪几个方面导致经济收缩的。

1. 利率的上升

有一点可以理解的是，参与风险最高的投资项目的个人和企业恰恰是那些愿意支付最高利率的人。如果信贷资金需求的增加和或是货币供给的减少导致利率攀升到足够高的水平，信用风险较低的项目就不愿意借款，而仍然愿意借款的只能是风险较高的那些项目。由此引起逆向选择问题的增加，使得贷款人不愿意发放贷款。贷款的大规模减少导致投资和总体经济活动的大幅萎缩。

2. 不确定的增加

由于主要金融或非金融企业破产、经济衰退或股票市场震荡，导致金融市场的不确定性突然增加，使得贷款人很难甄别信贷资产的质量。贷款人解决逆向选择问题能力的消弱使得他们不愿意发放贷款，从而导致贷款、投资和总体经济活动的下降。

3. 资产市场的资产负债表效应

由于股票价格是衡量企业净值的重要指标，因此，股票市场下跌意味着企业的净值减少，这会消弱贷款人的放款意愿，由于对面临逆向选择的贷款人的保持减少，贷款人收缩放款，从而引起投资和总产出的下降。此外，股票市场下跌引起的企业净值减少，增加了借款公司参与高风险投资的动力，因此即使投资失败，它们遭受的损失也不多，这进一步消弱了贷款意愿，引起经济活动的收缩。

4. 银行部门

众所周知，银行在金融市场中扮演着十分重要的角色。银行资产负债表的状况对银行贷款有很重要的影响。如果银行的资产负债表恶化引起资本大幅收缩，用于贷款的资源就会减少，银行贷款下降。贷款的减少引起投资支出的下降，从而放慢经济活动。那么，假如争先地出现破产，恐慌会从一个银行传递到另一个银行，引起银行危机。

5. 政府财政失衡

政府财政的失衡也会引起公众对政府债券违约的担忧。如果政府财政出现问题，政府会发现很难向公众出售政府债券，因此政府会强制银行购买，从而恶化银行的资产负债状况，导致贷款和经济活动的收缩。

要避免陷入经济的大收缩，作为西方经济领头羊的美国和德国，在处理因西方问题导致的危机方面要承担特殊责任。对德国这样的债务风险较小的国家，可能确实需要采取扩张的政策，帮助欧洲国家渡过债务难关，并促使整个欧洲经济向好发展。德国需要让渡自身利益，但也需要把握好度，防范救人不成反殃及自身。

美国的情况可能较为特殊。考虑到美元作为全球主要储备货币的特殊地位，尽管美国赤字已经高悬，但美国仍有刺激经济的余力。这就要求美国朝野两党抛弃政治斗争，采取一些针对性的刺激经济增进就业的有效措施。当然，美国在扶持自身经济的同时，也须考虑其政策对其他国家的负面影响，否则，其他国家经济因此不振，美国又焉能独好？

对新兴经济体和欧洲国家来说，当前的首要任务，则是迅速解决当前主要挑战，并为可能政策调整预备空间。对前者而言，应采取各种措施尽快控制通胀上扬，实施经济软着陆；对后者而言，应迅速削减主权债务，恢复市场信心。一旦外部经济环境突然恶化，这些国家即可腾出手来采取新的刺激政策。

在经济全球化的今天，没有任何一个国家能够在全球性金融危机中独善其身，要重构全球金融体系，制定一些基本、关键的原则，以避免金融危机再次上演。在改革全球金融体系时，应保证实现"透明的市场治理"以及对金融机构的"有效监管"，来有效预防和应对金融危机再次横扫全球。

在过去三年，不少国家领导人描述变幻莫测的经济前景时，最常用的句式就是"巨轮正行驶在未知海域"。两年过去了，海域依然未知，风向或已改变。面对即将袭来的更猛烈的风浪，各国决策者须备有更富有弹性的应对措施，否则，多重挑战同时袭来，"第二次大收缩"未必就只是假设。

危机爆发的三大预言成真

金融学家曾经对经济危机作出了三大预言。

预测一：美国还有4000家银行要倒闭或被兼并。

美国银行执行长刘易斯，2008年9月中旬接受美国CNBC

专访时表示，美国接近 9000 家的银行中，在未来 5 年，将会有一半倒闭或者被兼并。

预测二：大失业潮即将来临。

2009 年年底，美国可能有 1200 万人失业。美国财经研究机构预测，2009 年 4 月的失业率会达到 7.1%。高盛证券预测更悲观，2009 年年底，美国失业率将会达到 8%。

以目前美国近 1.55 亿的劳动人口估计，到 2009 年 4 月，将可能有超过 1000 万的美国人失业。最悲观的状况是，2009 年年底，美国将有约 1200 万人失业，直逼 20 世纪 30 年代的经济大萧条。

预测三：经济还没到底，最糟状况可能在 2009 年中，欧美经济将零成长或负成长。

多数经济学家都预测，经济最糟的状况将会落在"2008 年底到 2009 年中"。

摩根大通预估，美国经济将在 2008 年第三季开始，到 2009 年第一季出现负成长，尤其以 2008 年第四季衰退 15% 最为严重。摩根大通也预测 2009 年欧元经济将出现 0.4% 的衰退，这将是欧元区成立 10 年以来新低。

席卷全球的金融危机和通货紧缩来了，媒体还在卖力地大肆渲染，在我们眼里，它们就像《伊索寓言》里那个喊着"狼来了"的牧羊少年。美国次贷危机引发的金融危机已蔓延成全球性危机。目前要对这场危机对我国产生的影响作出全面评估还为时尚早，但其中的教训可以为我国改革开放和现代化建设带来一些启示。

此次发生问题的衍生产品与过去传统的股权、期权、期货这些产品有区别,本来人们以为住房贷款这种资产不会太离谱,然而这次恰恰是住房按揭贷款这种标的物很真实的产品出了问题。实际上,在最发达的经济体中,金融的作用呈相对弱化的趋势。很多人都说美国的经济这次可能要垮台了,但实际上美国的经济实力仍然是世界第一。世界经济论坛最近发布的国家竞争力排名中美国还是排名第一。美国的制造业创造的增加值仍然第一,服务业第一,农业出口量第一。即使是金融出了这么多问题,倒闭了那么多大银行,现在美国有问题的银行170多家,但是实体经济受到的伤害还是非常有限。即使就数量而言,出问题的银行也有限,因为美国的银行总数是7000多家,资本市场和直接融资仍在运行,商业票据市场仍在发挥功能,所以美国的经济实力仍然不可小视。

相比于美国,中国主要还是靠要素投入来推动经济增长,靠一定的技术引进和技术模仿来推动经济增长。而美国已经主要是靠科技文化创新来推动经济增长,要素投入对它的影响已经很小,引进技术、模仿别人的影响作用也比较小。由于像美国这样的发达国家对要素投入的依赖性已经很小,所以金融在经济中的地位和影响作用就不如从前了。欧洲和美国的问题是"金融过度",我们的问题是金融欠缺,服务不足。

金融创新与安全的平衡是市场健康发展的前提。金融衍生品作为金融创新工具,一向为一些发达国家的金融市场所推崇,它在活跃市场交易、拓展市场空间、提高市场效率的同时,也隐含着很大的技术与道德等方面的风险。金融创新与金融安全是相互矛盾制约，又相互促进发展的辩证统一体。处理好金融创新与金融安全的关系，必须注意金融创新的适度性。中国资本市场经过长达一年的低迷、调整，已进入基础整固与价值回归时期，面对来自市场内部的制度、机制等方面的矛盾冲突与国际金融市场的动荡，确保市场健康、稳定的发展是市场发展的客观需要。

信用制度是金融市场的生命线，无论发达成熟的市场，还是新兴发展中的市场，都面临着不断健全和完善信用制度的客观需要，即使在信用制度较为完善的市场上，严重的信用缺失同样会引发系统性金融风险，并造成严重的恶果。所以发展资本市场必须建立系统、完善、有效的信用制度。坚持安全与效率并重，安全优先、风险可控的审慎原则。在资本市场基础制度较薄弱，市场发育不成熟的情况下，更应注重在能够有效控制风险前提下的金融创新，务必防止金融创新的风险失控。对已推出和即将推出的金融创新产品应进行严格的风险监控；对市场发展需要，但自身条件不具备的金融创新产品应充分论证，积极培育，择机推出。只有全面、协调地推进创新，才能从根本上避免金融创新步入"雷区"，引发系统性风险。

每一次危机都是新的，但都是流动性危机。我们看到，美国在本次危机之前和初期，金融市场的流动性都十分充裕，但到了7月就突然紧张起来，以至于后来出现流动性枯竭。

流动性是具有内生性的，来如汪洋，去如潮水。中国的货币政策调控，也应该掌控节奏，让流动性留有一定的富余空间。随着法定存款准备金水平上调到12%，中国商业银行的超额储备从 7% 已经下降到目前的 1%~2%，流动性富余已经不大。同时，中国其他宏观调控政策也要留有余地，以减少外界因素突然影响对中国产生意想不到的冲击。

稳步有序地推进资本市场国际化进程。由金融危机引发的全球金融动荡将对现有国际金融格局、金融体系、金融组织等产生不同程度的影响与冲击。在国际金融市场发展情势不明朗的情况下，我们必须审慎推进国际化进程，宁稳毋快。严格审核评估拟设立合资基金管理公司与合资证券公司的外方资产财务状况与经营管理能力；严格审核合格境外机构投资者资质，继续实行严格的投资额度限制，防止外资对资本市场的冲击；鼓励国内规范经营，具有相当竞争实力，有较强投资管理能力与较丰富投资管理经验的合格境内投资者进行一定的海外业务尝试与拓展。在尽可能阻断国际金融风险向我国资本市场蔓延的同时，积极创造条件，推进国内企业、金融机构的海外购并重组，提高中国资本市场的整体竞争力。